Ministério da Cidadania, Rock in Rio e Estácio apresentam:

CICLO
ARQUITETURA

Por que P.A. 11?

Quando cursava a Universidade, P.A. era o título da cadeira do Projeto de Arquitetura. O 11 faz uma referência aos períodos seguintes ao de formação. Por isso P.A. 11. Hoje, as titulações da cadeira de PROJETO variam de instituição para instituição de ensino. Preferi então seguir com a nomenclatura da minha época de formação.

O objetivo desse livro é o de colaborar com o início de carreira do estudante de arquitetura, design, arte e de quem gosta de trabalhar. Procurei tratar mais sobre os processos do que sobre os fins. Trabalhar envolve um leque muito variado de possibilidades, iniciativas, relacionamentos e atitudes.

Pensei em contar algumas histórias e contribuir com dicas para convivermos melhor com o mercado. Trabalhar é bom e exige muito do nosso empenho. Espero que o P.A. 11 agrade, mas que principalmente seja útil.

Vamos ralar.

Forte abraço!

JOÃO UCHÔA

arquiteto

Patrocínio:

Lei de Incentivo à CULTURA

Rock in Rio
POR UM MUNDO MELHOR

Estácio

Portobello shop

Papel Craft

RIO2020
CAPITAL MUNDIAL DA ARQUITETURA
UNESCO.UIA

Realização:

SECRETARIA ESPECIAL DA CULTURA

MINISTÉRIO DA CIDADANIA

PÁTRIA AMADA BRASIL
GOVERNO FEDERAL

P.A. 11

arquitetura, arte e ralação

João Uchôa

VOL. 1

FICHA TÉCNICA

Autor – João Uchôa
Editor e Coordenador Geral – João Uchôa
Produtora Executiva – João Uchôa e Juliana Andrade
Consultor Editorial – Tomaz Adour
Supervisor Administrativo – Jorge Wanderley
Apoio Institucional - Instituto Ondular
Jornalista e Revisor – Adalberto Neto
Projeto Gráfico e Capa – Victor Jobim
Ilustração – Joana Uchôa
Diagramação e Produção gráfica – Cheyenne Sydenstricker
Produtor Audiovisual - Federico Bardini
Assessoria de comunicação - LUPA - Luisi Valadão e Gabriel Oliven
Imagens 3D – Federico Estevão, Fernando Genuma, Yan Marlon,
Davi Monteiro, Alexandre Buso e Arthur Cordeiro.
Fotos – Simone Kontraluz (foto capa), Rock in Rio (divulgação)
Robson Bolsoni, Dante Belute e João Uchôa.
Texto revisado segundo o novo Acordo Ortográfico da Língua Portuguesa.

Uchôa, João
P.A. 11 – Arquitetura, Arte e Ralação
CICLO ARQUITETURA
229 p, – 23 x 23cm

CICLO ARQUITETUIRA URBANISMO E MEIO AMBIENTE
Rua Paulo Barreto 84 – Botafogo – Rio de Janeiro – RJ
CEP 22.280-010
joão@ciclo,arq.br
ciclo@ciclo.arq.br
www.ciclo.arq.br
instagram - @pa11.arq
instagram - @joaocsuchoa
instagram - @cicloarquitetura

Dados Internacionais de Catalogação na Publicação (CIP)
Angélica Ilacqua CRB-8/7057

Uchôa, João
P.A. 11 : arquitetura, arte e ralação / João Uchôa. - Rio de Janeiro, RJ : Vermelho Marinho, 2020.
230 p. : il.

ISBN:978-65-00-00849-4
1. Arquitetura 2. Arquitetura - Orientação profissional
3. Arquitetos - Memórias autobiográficas 4. Arquitetura - Projetos I. Título
20-2603
CDD 720

Índice para catálogo sistemático:
1. Arquitetura - Orientação profissional

INSTITUTO ONDULAR

AGRADECIMENTOS

Primeiramente agradeço a meus pais.

Me espelho neles e procuro oferecer aos meus filhos, Joana e Miguel, o mesmo mundo que eles me ofertaram. Me inspiro no exemplo de cidadão, de amantes e de pessoas extremamente dedicadas e maravihosas que sempre foram. Vocês sempre foram e são incríveis com seus filhos, netos, parentes e amigos. Muito obrigado por me ajudarem a ser um pouco melhor. Amo vocês!!!

Agradeço a meus fiéis e apaixonados irmãos Eduardo, Fernando e Julio pela parceira e amizade de tantos anos. Somos amigos e parceiros fiéis em todos os dias de nossas vidas.

Agradeço a minha mulher Maria Francisca, com quem convivo há 27 anos e com quem desfrutei de inúmeras aventuras. Muito obrigado pelo apoio, pelo carinho, pelo amor e pelos filhos.

Agradeço aos meus filhos Joana e Miguel por terem transformado a minha vida em uma experiência mais amorosa, mais responsável e gratificante. Vocês são minha principal razão de viver. Amo vocês com todos os meus sentidos.

Agradeço aos meus parentes, meus queridos amigos de infância, meus companheiros da faculdade, meus parceiros de trabalho, meus professores, amigos e companheiros nessa bela e produtiva jornada. Vocês fazem parte do todo e indivisível ato de amar.

Agradeço aos nossos clientes que continuam se arriscando em nos convidar para fazer parte de seus sonhos e projetos mirabolantes. Respeitamos muito a coragem empreendedora de vocês e procuramos retribuir com responsabilidade e paixão. Vocês têm nosso amor, nosso calor e nossa máxima dedicação.

Agradeço ao apoio do Ministério de Cultura, do Rock in Rio, da Universidade Estácio de Sá, dos amigos e parceiros Roberto Medina, Rubem Medina, Claudia Romano e Luis Justo. Agradeço também aos conselhos e dicas dos arquitetos Sergio Bernardes e Fernando Wrobel e ao grande apoio e suporte da minha sócia Juliana Andrade e de todos os amigos e parceiros da CICLO Arquitetura que diariamente tornam nossos sonhos possíveis.

MUITO OBRIGADO.

SUMÁRIO

Apresentação

João Uchôa tem a arquitetura autoral como grande companheira de vida. Profissional inquieto, há mais de 30 anos ele busca soluções criativas e arrojadas em cada novo projeto. À frente da CICLO Arquitetura, é o responsável por cenários e edificações que ajudaram a mudar a paisagem urbana em diferentes cidades e espaços públicos.

Rock in Rio? Sim, lá está João com o design arrojado de instalações como o Palco Mundo, Sunset, Rock Street, a torre da tirolesa e o Palco Favela. É dele também a assinatura do BioParque do Rio (antigo Rio-Zoo), projeto inovador de integração dos animais ao ambiente natural. Isso sem falar na Cidade do Samba, no palco do Amazônia Live, no Bar do Zeca, na sede do Porta dos Fundos, no Guapo Loco e muito mais. Todos estão presentes em P.A. 11.

O livro é um mergulho no universo fascinante da arquitetura, que oferece um painel dos mais ricos sobre os desafios da profissão. E reúne detalhes saborosos da biografia de João, incluindo passagens pelas artes plásticas, o design de moda, teatro, rádio, TV e o show business. Por isso mesmo, é um prato cheio não apenas para estudantes e recém-formados, mas também empreendedores e pessoas conectadas com urbanismo, design, História da Arte, sustentabilidade, rock e cultura em geral.

João costura as informações em um texto ágil, envolvente, que flui bem do início ao fim. E o que é melhor: os capítulos podem ser lidos fora de ordem, de acordo com a preferência do leitor: Experimentação, Ética, Qualidade, Diplomacia, Meio Ambiente, Técnica etc. Cada um expressa a filosofia de trabalho do autor e sua visão muito particular da arquitetura. Acima de tudo, servem de inspiração para aqueles que buscam experimentar novas possibilidades, atitudes e relacionamentos.

Afinal, arquitetura é uma forma de comunicação. Muito além de formas, contornos e materiais, ela expressa a identidade de um povo, ao contar sua história e suas raízes. E reafirma o DNA de um bairro, de uma cidade e de seus moradores – com um sentido único de pertencimento. João Uchôa acrescenta a esse cardápio doses generosas de arte e ralação. Com vocês, P.A. 11.

Gabriel Oliven, Jornalista

FOR-
MA-
ÇÃO

01

“A imaginação é mais importante que o conhecimento. O conhecimento é limitado. A imaginação circunda o mundo”

Albert Einstein

01

A **curiosidade** é o nosso **combustível**.
A **experimentação**, o instrumento de **formação**.

Aos cinco anos, comecei a desenhar e nunca mais parei. Aos nove, montei uma exposição com 45 telas pintadas a óleo. Aos 12, o surfe virou minha "cachaça", mas nunca larguei o lápis e o papel. Já na universidade, eu gostava de desenhar retratos de meninas e trabalhava como designer da grife Bananas.

Nessa época, um grupo de amigas me convidou a participar, como ator, da peça "Rocky Horror Show". De imediato, recusei. Depois, pensei: "Por que não? Talvez nunca mais tenha outra oportunidade." Aceitei a experiência e foram sete anos dedicados à arte de interpretar. Estudei canto, violão, dança e atuei nos principais teatros do Rio de Janeiro.

Nunca fui CDF nem um estudante brilhante, mas sempre fui muito dedicado nas coisas em que me envolvia. Logo que me formei, desenhei e construí três casas em Búzios. A realização das obras me ofuscou o prazer pela arquitetura. Fui passar três meses rodando de trem pela Europa.

Georgina e o filho na exposição em Brasília - 1970

Pintura a óleo - 1973

Desenho - 1981

Um certo Cabaré dirigido por Miguel Fallabela - 1981

Surf - 1976

Com o irmão Eduardo na Bananas - FENIT 1981

TV Búzios com Andrucha, Leléo e o irmão Júlio

Na volta, surgiu a possibilidade de montar a TV Búzios e a Rádio Búzios FM. Eu vivia uma crise entre ser ator ou arquiteto. Decidi pela comunicação e, por outros sete anos, me dediquei à produção audiovisual. Foi uma das experiências mais estimulantes e criativas da minha vida. Descobri a imagem, a fotografia e entendi o potencial da COMUNICAÇÃO. Com a televisão e o rádio, passamos a criar e a produzir shows ao ar livre. Vivendo em Búzios, me tornei um vigoroso ambientalista. Produzimos uma TV e uma rádio ecológica e ativista. Tudo junto e ao mesmo tempo. Casei-me em Búzios, e chegou a hora de voltar para o Rio de Janeiro.

Ingressei no meio acadêmico universitário com o projeto de criar laboratórios de comunicação de televisão para os alunos e lançá-los no mercado. Ao mesmo tempo, retomei minha atividade como arquiteto projetando dezenas de restaurantes. Formatei cursos de cinema para a Universidade Estácio de Sá e para a Gama Filho. Paralelamente, foram surgindo projetos de casas e de lojas, e começaram a me convidar para desenhar estandes corporativos. Pintou a cenografia e acabei produzindo palcos para shows e grandes eventos. Daí vieram casas, condomínios, centros culturais, resorts, hotéis e mais uma variedade enorme de projetos. A vocação para a arquitetura falou mais alto e fiquei com ela.

TV Búzios

Adesivo da Rádio e TV, era uma febre na região

Primeiro projeto executado - 1986 (Búzios)

Programa Caderno U apresentado pelo estudante e querido amigo Rodrigo Rodrigues - 1995

O **DESENHO** desenvolveu o traço e me deu noção espacial.

A **PINTURA** estimulou minha curiosidade pelas artes plásticas.

A **MODA** me ensinou a ser rápido no processo criativo.

O **TEATRO** aprimorou minha capacidade de relacionamento com as pessoas.

O **RÁDIO** me ensinou sobre comunicação.

A **TELEVISÃO** apresentou a imagem, a fotografia e a iluminação.

E o **SURFE** me manteve ligado ao meio ambiente.

Nada foi programado. Fui seguindo minha intuição e alimentando minha curiosidade pelo universo das artes, da produção e da comunicação. Passei a entender a arquitetura também como um instrumento de comunicação.

"A imaginação é mais importante que o conhecimento. O conhecimento é limitado. A imaginação circunda o mundo." (Albert Einstein)

Não tenho dúvidas de que o mais indicado é descobrir, o mais cedo possível, seu talento, sua vocação e focar na sua futura atividade profissional. No meu caso, certo ou errado, essa eclética formação foi fundamental para abrir meus canais. Hoje sei que sou melhor como artista, como arquiteto, como comunicador e como designer porque soube, quando jovem, aproveitar a vida, experimentar as mais diversas possibilidades e abrir espaço para criar novas oportunidades.

Tudo isso foi feito sob o guarda-chuva de uma dedicação patriótica ao trabalho e movido por muito entusiasmo. O dinheiro, ou qualquer forma de sucesso, nunca foram meus motivadores. Fazia intuitivamente e por puro prazer.

Uma coisa é indiscutível: para criar é preciso estar motivado. Seja você uma pessoa alegre ou introspectiva, vai precisar sacudir suas emoções, provocar sua sensibilidade e navegar por mares desconhecidos.

Essa formação a que me refiro não é de natureza acadêmica. Seria, talvez, a sua capacidade de buscar no cotidiano da vida os elementos, as motivações e os conceitos que poderão colaborar no aprimoramento de suas habilidades e na formação da sua personalidade.

De forma inconsciente e apaixonada, aproveite a juventude e o seu período de formação para **observar, praticar, se divertir e viver intensamente novas experiências.**

Nunca me preocupei em ser o melhor. Na verdade, estou longe de ser um cara competitivo. Já participei de todo tipo de esporte e jamais ganhei uma única medalha. Sempre fiz por prazer. Mas sempre quis fazer tudo com a máxima qualidade e carrego comigo o desejo de inovar. Costumo dizer que "jogo uma partida de tênis para perder". Não quero apenas ficar empurrando a bola para o outro lado da quadra. Prefiro arriscar e bater forte. A bola pode ficar na rede ou cair fora da quadra, mas bato na bola com vontade. Sendo mais claro, prefiro arriscar jogando com o máximo do meu potencial, mesmo que perca a partida. Não preciso ganhar o jogo para me satisfazer, preciso **experimentar**. Por mais que tenha me envolvido em diferentes frentes do mundo artístico, sempre me empenhei em fazer o melhor para satisfazer o meu próprio desejo de realização e de qualidade. Essa foi a minha **formação**.

Até hoje não estou nem um pouco preocupado em ganhar prêmios de arquitetura. Os poucos canecos que ganhei, dei para os amigos envolvidos. Concluir uma obra é o melhor de todos os prêmios. Ver o cliente satisfeito é o melhor dos mundos. Não sinto falta de referências nas prateleiras.

Fico desapontado quando estamos no final de uma entrega de trabalho e o parceiro, mesmo sabendo que pode melhorar o produto que está desenvolvendo, fica possuído pela ansiedade de ir para casa. Não consigo entender. Como é possível abandonar os momentos finais de uma entrega importante e se deixar motivar pela preguiça, pelo horário estabelecido, por fome, cansaço ou simplesmente por estar de saco cheio? Grandes profissionais não vivem do horário, vivem da realização.

Por tudo isso, acredito que a **curiosidade** e a **experimentação** sejam as motivações formadoras dos melhores profissionais.

Você será melhor se tiver prazer em fazer. E tudo isso pelo puro desejo da realização, nunca por status ou por vaidades pessoais. Seja um aventureiro da vida enquanto pode. Aproveite e experimente ao máximo as possibilidades e as centenas de manifestações artísticas, culturais, desportivas e sociais criadas pelo homem. Certamente, não será o dinheiro, a roupa da moda ou o carro do ano que farão de você uma pessoa melhor. A sua capacidade de criação, de produção e de realização serão sempre os seus maiores troféus.

Procure algo a mais para fazer, alguma atividade que esteja fora do seu foco de trabalho. Aproveite a juventude para experimentar novas atividades e diferentes oportunidades. Por períodos de um, dois, três ou quatro anos, procure vivenciar as mais diversas experiências e aprimore as suas capacidades, o seu conhecimento e sua sensibilidade. Como um ser pensante ou um arquiteto, você vai precisar destas ferramentas muito mais do que de qualquer ganho material.

MUN-
DO

02

“Pessoas não fracassam. Elas simplesmente desistem”

Henry Ford

02

Arquiteto que não tem curiosidade para conhecer o mundo, ou parte dele, pode estar inviabilizando um forte potencial de evolução.

Tenha como **meta** comprar um **Europass** (ticket europeu de trem) e passar alguns meses rodando de trem pela Europa. Mais barato ainda é rodar a América do Sul e a América Central. Conhecer o mundo asiático é outra aventura fantástica. Sem luxo nenhum. Em viagens noturnas, você pode optar por pernoitar no trem. Em terra firme existem os albergues para estudantes, compartilhamento de moradia e uma infinidade de novas opções a baixo custo.

Custear uma viagem para qualquer lugar do planeta é, sem dúvida nenhuma, uma questão financeira a ser superada. Este deve ser mais um desafio a ser conquistado durante seu período de formação. Se você realmente tem vontade de ser arquiteto, carregue no peito esse objetivo e diga: **Eu vou!** Não importa como, nem quando ou a que custo. **Se vire!** É na juventude que ainda se consegue esse tempo. Sem família ou grandes compromissos, pode ter certeza de que tudo fica mais fácil. Estimule seu espírito aventureiro e corra atrás dessa oportunidade.

Independentemente de questionamentos políticos, ideológicos ou sociais, a Europa é um dos grandes celeiros da história moderna e um espaço vigoroso no lançamento de emblemáticas obras da arquitetura contemporânea. O mundo oriental é uma experiência única também. Conta a história de uma cultura milenar, uma amostragem arquitetônica inigualável e vai proporcionar uma experiência espiritual sem precedentes. A América do Sul e a América Central também guardam a história de povos que construíram no passado cidades espetaculares.

Os povos antigos desenharam suas histórias embalados por guerras terríveis.Todos se utilizaram de trabalho escravo para erguer seus impérios. Uma passagem abominável do ser humano pelo planeta. De positivo, deixaram um legado arquitetônico realmente único e deslumbrante. Vamos aprender com os erros, guardar os bons exemplos, olhar para a frente e desfrutar do melhor resultado de nossa herança artística e cultural. Nesse campo do conhecimento, o homem deixou uma boa referência de criatividade para as gerações futuras.

O meio ambiente, a sociedade e as artes são os artífices da arquitetura de um povo. Conhecer e vivenciar a história da humanidade, mesmo que de forma superficial, já será uma importante graduação. A vivência é uma experiência em seis dimensões. Os livros serão o complemento e a possibilidade de se aprofundar ainda mais na história da humanidade

Em uma dessas viagens de trem, estava chegando em Barcelona e comentei com um passageiro espanhol que eu estudava arquitetura. Ele perguntou se eu estava indo conhecer as obras do arquiteto Gaudí, e eu perguntei:

- Quem é Gaudí?

Apesar de já estar no segundo período de Arquitetura, eu nunca havia ouvido falar em Gaudí. **Uma vergonha**. O espanhol fez uma cara de espanto e me perguntou:

- Como você não conhece Gaudí!? - O cara ficou possuído e desandou a falar de Gaudí.

Logo que cheguei a Barcelona, a primeira coisa que fiz foi descobrir onde estavam as obras desse tal de Gaudí. Quando bati o olho no trabalho do arquiteto, vislumbrei um verdadeiro **mestre**. Entendi perfeitamente a reação do espanhol. Até hoje, tenho Gaudí como um dos maiores gênios criativos da arquitetura dos tempos modernos. Único e insuperável no apetite pela ousadia e criatividade.

No mundo europeu e asiático, uma arquitetura milenar se mistura com o melhor da arquitetura moderna e contemporânea. É um **show!!!** Você sai de um castelo medieval ou de um templo budista e entra em uma das mais impressionantes experiências da arquitetura contemporânea. É algo a ser vivenciado. Não perca a oportunidade de ser jovem e de ainda ter tempo livre para apostar no desconhecido. Mesmo que esteja em algum trabalho fixo, crie as condições e viaje no período de férias. Gaste menos nos acessórios, no bar ou no fim de semana e invista no seu aprimoramento cultural. Trabalhe, procure juntar uma grana e vá conhecer o mundo. Além de fundamental para a sua formação, você terá histórias para contar para o resto da vida.

Quando eu tinha 18 anos, minha avó Heloisa, grande conhecedora da História da Arte e a pessoa mais louca que já conheci (no melhor sentido do "maluco beleza"), me levou para uma viagem pela Europa. Gostei demais e passei minha juventude trabalhando para viabilizar outras viagens. Todo dinheiro que conseguia juntar eu empenhava em um novo destino. Foi o melhor investimento da minha vida. Se pudesse voltar atrás, faria novamente e mais vezes.

A Sagrada Família - 1982 (Barcelona)

UNI-
VERSI-
DADE

03

“Cerca de 15% do sucesso de alguém se deve ao conhecimento técnico e 85% à personalidade e à habilidade de liderar pessoas”

Dale Carnegie - Escritor americano

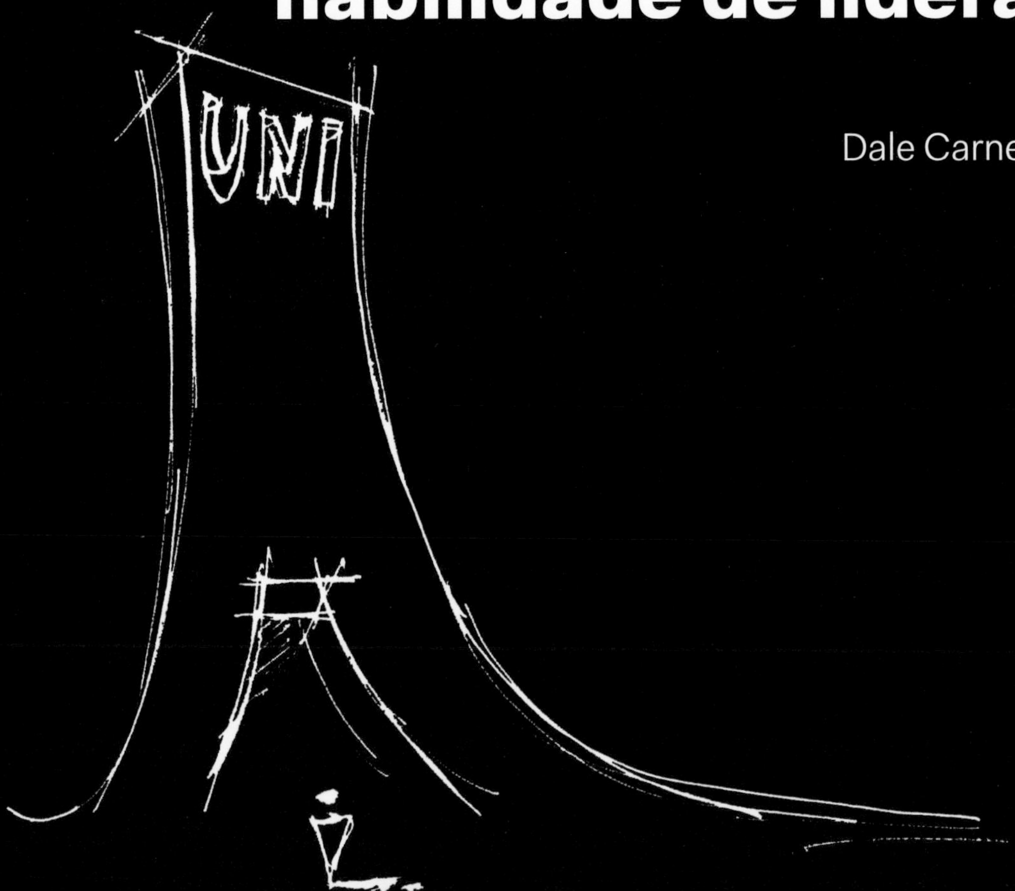

03

A **curiosidade** é o elemento motivador.
A **vontade,** a máquina de impulsão.
A **determinação**, o único caminho para a **realização**.

Curiosidade, **vontade** e **determinação** serão os estímulos necessários para viabilizar uma atividade produtiva com a sociedade e com o mercado.

Sem vontade, sem disposição e sem foco, vai ser difícil acontecer alguma coisa produtiva. O bom resultado só vem para os que gostam de trabalhar.

Na TV Búzios era comum receber jovens recém-formados em Comunicação que estavam interessados em ingressar naquela experiência audiovisual à beira-mar. Chegavam roxos de tão verdes. Apesar dos anos de formação acadêmica, a falta do preparo prático os deixava extremamente inseguros. Chegavam tecnicamente muito despreparados, mas tinham vontade de aprender. Estávamos no final dos anos 1980, os equipamentos de audiovisual eram muito caros e, consequentemente, as universidades não contavam com laboratórios preparados para uso dos alunos. Nessa época, não existiam computadores, smartphones e muito menos a internet. Nos testes de câmera ficavam claras a falta de formação prática e a ausência total de habilidade com a comunicação audiovisual. Faltava a prática.

Eles encontraram na TV Búzios os sonhados laboratórios, os equipamentos de televisão, liberdade e a possibilidade de treinamento. Com a prática, em pouco tempo, transformaram-se em pessoas atuantes, seguras e estavam, principalmente, **satisfeitos**. Quando voltei de Búzios para o Rio, trouxe na bagagem o projeto de desenvolver, junto a um curso de Comunicação Social, atividades **práticas** de televisão. O projeto foi bem recebido pela Universidade Estácio de Sá e partimos para a ampliação dos laboratórios. Compramos equipamentos, montamos um ótimo estúdio, colocamos para funcionar um circuito interno de TV e criamos o Núcleo de Comunicação. No novo departamento, os alunos começaram a produzir programas para o circuito interno de TV e a participar de produções externas para o mercado. As atividades funcionavam como trabalho extracurricular e não geravam qualquer pontuação ou crédito acadêmico. Mesmo assim, os laboratórios viraram uma febre na universidade. Motivados pela **vontade** de produzir, os alunos puderam exercitar, experimentar e tiveram, ali, o estímulo necessário para a **realização**. Os garotos que participaram espontaneamente desse projeto, quando saíram do curso, estavam capacitados, seguros e confiantes. O importante é entender que a iniciativa de participar veio de um grupo de jovens interessados em aprender, e de estudantes que gostavam muito do que haviam escolhido como seu instrumento de trabalho. Esses estão hoje muito bem no mercado.

Passar de ano é o objetivo de todo e qualquer estudante. Concluir o curso de formação profissional, o caminho natural e uma necessidade. Tirar boas notas garante um currículo mais apresentável. Mas não é o suficiente. Para uma formação profissional consistente é preciso empenho, determinação e muito trabalho. Cansei de ver grandes CDFs que não foram muito longe.

Mas o que é um bom profissional? É o que consegue ganhar rios de dinheiro? É o mais inteligente? O mais criativo? O que tem mais disposição? O que sabe se relacionar melhor com o mercado? O que faz o que gosta? Ou tudo isso junto?

Time TV Búzios - 1989

Programa ECOLOGIANDO - TV Búzios1991

A resposta nunca será o resultado de uma única iniciativa. As conquistas virão do somatório de um conjunto de oportunidades e de investimentos na sua formação e no relacionamento com o universo social. A formação universitária é, sem dúvida nenhuma, uma das principais etapas de qualificação. Talvez deva ser encarada como o nosso primeiro estágio de formação técnica. Uma passagem fundamental e de onde deve ser tirado o maior proveito possível. Procure as melhores universidades, os melhores professores, dedique-se aos estudos, a pesquisas, a experimentações e faça bons amigos.

A sorte também faz parte da vida profissional. Mas só poderá contar com a sorte aquele que conseguir reunir o melhor conjunto de ações produtivas. A sorte só bate à porta dos que criam oportunidades e imprimem competência.

A eficiência de alguns cursos pode até ser discutível. Muitas vezes, podem inclusive estar bem longe de funcionar como um instrumento **motivacional**. Uma coisa, no entanto, é certa: o fator **determinante** será

TV Estácio - 1994 (RJ)

sempre **você.** Seu futuro vai depender única e exclusivamente de suas iniciativas e de suas ações. Pode ter certeza também de que em toda e qualquer atividade produtiva vamos encarar os "ossos do ofício". Pode ser um "saco", mas estarão aí para serem resolvidos. Somos preparados para criar possibilidades e solucionar questões. Nem tudo será como sonhamos, mas vamos precisar resolver com precisão e criatividade.

Nos períodos iniciais do curso, teremos que encarar algumas matérias teóricas, nem sempre muito interessantes. Pode parecer maçante, mas é imprescindível a fundamentação de novos conteúdos. São disciplinas que, se ministradas por professores com criatividade e vibração, poderão despertar o interesse do aluno e agregar um conhecimento precioso na sua formação. Nos primeiros dois anos do curso, contaremos com a capacidade didática dos professores. Eles poderão imprimir uma dinâmica motivacional capaz de estimular nosso interesse pela matéria. É fundamental aproveitar o entusiasmo do estudante que ingressa na universidade e promover palestras permanentes com profissionais, realizar visitas a espaços arquitetônicos, museus, exposições, viabilizar agendamento em obras, realizar atividades práticas e criar, com essas iniciativas, um ambiente lúdico e estimulante.

Mas nem sempre será assim. Nem sempre o professor vai chegar inspirado para uma boa aula. Nem sempre as universidades estarão equipadas com laboratórios eficientes. Nem sempre poderemos contar com uma gestão próspera e determinada, capaz de fazer a diferença. É possível que tenhamos que conviver com professores pouco vibrantes e concluir etapas passando por uma prova de avaliação convencional. Não é o desejado, mas faz parte do show. Independentemente desse importante detalhe, podem ter certeza de que em toda e qualquer disciplina acadêmica existe uma riqueza infinita de conhecimento e de informações a serem aproveitadas. No estudo de matérias teóricas existe todo o histórico de um processo criativo que, se bem assimilado, poderá render ótimos resultados no futuro. Nada é 100% bom ou 100% ruim. Vai depender de como você pretende dirigir a sua história.

"Você será sempre o protagonista do seu epílogo"

Independentemente das qualidades ou do formato acadêmico da instituição de ensino superior em que você estiver matriculado, você será o responsável direto por transformar o seu curso e o seu momento de formação em uma atividade lúdica, informativa, criativa, produtiva e agradável.

Procure os focos de conhecimento, se empenhar no aprimoramento técnico, desenvolver sua sensibilidade artística e buscar estímulo permanente para conhecer e melhorar suas habilidades técnicas, artísticas e profissionais. Vai depender da sua **vontade** e de sua própria **iniciativa**. Esses serão seus instrumentos motivacionais e os elementos capazes de despertar o interesse pela profissão e o prazer pela carreira.

Na fase de formação, acredito na **prática** como principal elemento motivacional e na **teoria** como uma consequência natural do processo de aprimoramento. Acho que a atividade acadêmica no ensino de arquitetura deveria ser tratada como um verdadeiro e permanente **laboratório experimental**.

Vou dar um exemplo:

A matéria de **instalações elétricas** é uma habilidade onde a **teoria** e a qualificação **técnica** são de extrema importância para a formação de um profissional especializado em **instalações elétricas**. É uma matéria que exige um conhecimento técnico preciso de materiais, de estudo de cálculos e dos respectivos equipamentos. Mas, como coloquei: "De extrema importância para os interessados nesta especialização".

No currículo básico dessa matéria, temos a obrigação de decorar fórmulas e produzir detalhes e cálculos técnicos muito específicos. No período seguinte, não vamos mais nos lembrar das fórmulas, dos cálculos ou mesmo de como aplicá-las. São atividades técnicas específicas e de extrema responsabilidade para o setor construtivo, mas que um arquiteto não precisa estar tecnicamente habilitado para assiná-las. É uma demanda de projetos em que normalmente serão contratados técnicos ou engenheiros especializados.

Então, para que se prender a tentar ensinar fórmulas que não farão parte do nosso dia a dia? É **lógico** que o estudante de arquitetura precisa adquirir conhecimento da matéria, mas não necessariamente ser um profissional da área. O estudante precisa desenvolver um conhecimento geral do funcionamento dos sistemas. A vivência **prática** certamente trará resultados mais eficientes do que o estudo de fórmulas.

Como entender um complexo sistema de instalações prediais formado por centenas de dutos e interligações sem uma visualização prática?

Como tomar conhecimento da diversidade de materiais sem uma atividade presencial em um canteiro de obras?

Acredito que as estruturas laboratoriais do setor acadêmico tenham evoluído, mas, em momento algum, vão substituir a experiência vivida em uma obra em funcionamento com acompanhamento do professor.

Caso seu curso não tenha condições de proporcionar estas atividades, faça a sua parte e procure de forma independente complementar seus conhecimentos teóricos através de atividades e vivências em canteiros de obra. Caso esteja frequentando um estágio, procure se envolver no acompanhamento de uma obra. Será muito mais producente para você do que ficar sentado no ar-condicionado operando um software de arquitetura. Estágio em obra durante o período universitário é uma escola impagável. Será o melhor complemento à sua formação.

Por tudo o que foi dito, não deposite suas fichas somente na importante contribuição que a universidade irá lhe proporcionar. Ela é, sem dúvida nenhuma, o principal veículo de iniciação e de difusão do conhecimento. Mas é tão importante quanto realizar uma viagem de conhecimento, participar de feiras especializadas, assistir a palestras, frequentar museus, acompanhar exposições, estar atualizado sobre publicações especializadas ou se inscrever em cursos de formação complementar. Nunca descarte um hobby, um ideal, a prática de um esporte, os dias de lazer e a convivência com os amigos e a família.

O esforço individual de cada um poderá fazer do curso uma passagem mais produtiva e mais estimulante. Tudo fará de você uma pessoa melhor e, consequentemente, um profissional mais qualificado. Seus olhos, seus ouvidos, sua inteligência, sua curiosidade, sua dedicação e sua capacidade de relacionamento serão seus principais instrumentos de aprimoramento artístico, técnico, intelectual e social.

A vida profissional não será diferente. Teremos um mar de aventuras e possibilidades, mas, para conseguir bons resultados, teremos que enfrentar os constantes e famosos "caroços do ofício". Para quem tem **vontade** e gosta de **trabalhar** será sempre um desafio e uma atividade divertida, sedutora e gratificante.

Tenha consciência de que no mercado competitivo o "mais ou menos" voa baixo. Para ganhar altitude, as exigências, os riscos e as responsabilidades crescem na proporção e na dimensão dos seus sonhos. Para abrir mercado, você vai precisar se tornar uma pessoa de negócios. Vai se desdobrar para se tornar um gestor e um

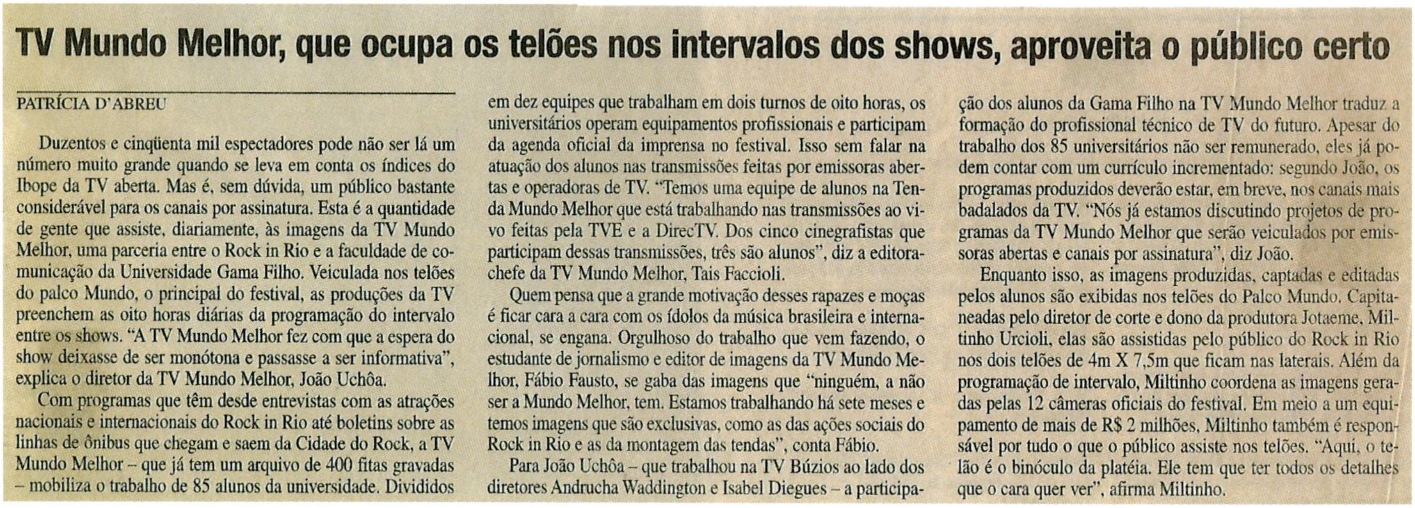
TV Mundo Melhor, que ocupa os telões nos intervalos dos shows, aproveita o público certo

PATRÍCIA D'ABREU

Duzentos e cinqüenta mil espectadores pode não ser lá um número muito grande quando se leva em conta os índices do Ibope da TV aberta. Mas é, sem dúvida, um público bastante considerável para os canais por assinatura. Esta é a quantidade de gente que assiste, diariamente, às imagens da TV Mundo Melhor, uma parceria entre o Rock in Rio e a faculdade de comunicação da Universidade Gama Filho. Veiculada nos telões do palco Mundo, o principal do festival, as produções da TV preenchem as oito horas diárias da programação do intervalo entre os shows. "A TV Mundo Melhor fez com que a espera do show deixasse de ser monótona e passasse a ser informativa", explica o diretor da TV Mundo Melhor, João Uchôa.

Com programas que têm desde entrevistas com as atrações nacionais e internacionais do Rock in Rio até boletins sobre as linhas de ônibus que chegam e saem da Cidade do Rock, a TV Mundo Melhor – que já tem um arquivo de 400 fitas gravadas – mobiliza o trabalho de 85 alunos da universidade. Divididos em dez equipes que trabalham em dois turnos de oito horas, os universitários operam equipamentos profissionais e participam da agenda oficial da imprensa no festival. Isso sem falar na atuação dos alunos nas transmissões feitas por emissoras abertas e operadoras de TV. "Temos uma equipe de alunos na Tenda Mundo Melhor que está trabalhando nas transmissões ao vivo feitas pela TVE e a DirecTV. Dos cinco cinegrafistas que participam dessas transmissões, três são alunos", diz a editora-chefe da TV Mundo Melhor, Tais Faccioli.

Quem pensa que a grande motivação desses rapazes e moças é ficar cara a cara com os ídolos da música brasileira e internacional, se engana. Orgulhoso do trabalho que vem fazendo, o estudante de jornalismo e editor de imagens da TV Mundo Melhor, Fábio Fausto, se gaba das imagens que "ninguém, a não ser a Mundo Melhor, tem. Estamos trabalhando há sete meses e temos imagens que são exclusivas, como as das ações sociais do Rock in Rio e as da montagem das tendas", conta Fábio.

Para João Uchôa – que trabalhou na TV Búzios ao lado dos diretores Andrucha Waddington e Isabel Diegues – a participação dos alunos da Gama Filho na TV Mundo Melhor traduz a formação do profissional técnico de TV do futuro. Apesar do trabalho dos 85 universitários não ser remunerado, eles já podem contar com um currículo incrementado: segundo João, os programas produzidos deverão estar, em breve, nos canais mais badalados da TV. "Nós já estamos discutindo projetos de programas da TV Mundo Melhor que serão veiculados por emissoras abertas e canais por assinatura", diz João.

Enquanto isso, as imagens produzidas, captadas e editadas pelos alunos são exibidas nos telões do Palco Mundo. Capitaneadas pelo diretor de corte e dono da produtora Jotaeme, Miltinho Urcioli, elas são assistidas pelo público do Rock in Rio nos dois telões de 4m X 7,5m que ficam nas laterais. Além da programação de intervalo, Miltinho coordena as imagens geradas pelas 12 câmeras oficiais do festival. Em meio a um equipamento de mais de R$ 2 milhões, Miltinho também é responsável por tudo o que o público assiste nos telões. "Aqui, o telão é o binóculo da platéia. Ele tem que ter todos os detalhes que o cara quer ver", afirma Miltinho.

Resportagem sobre TV Mundo melhor

desbravador de oportunidades. Vai precisar criar relacionamentos e inventar situações que favoreçam o surgimento de novas oportunidades. E vai precisar ralar muito. Sem hora para começar ou encerrar o expediente.

Cumprir uma tabela de horário pode até ser confortável, mas não vai te levar muito longe. Diferente disso, só recebendo uma herança. Profissionais bem-sucedidos começam a trabalhar às sete horas da manhã e fecham as portas às dez da noite. Nos fins de semana, o lazer também pode vir a ser comprometido com alguma frequência. No Brasil, esse é o único caminho para alcançar um espaço mais confortável. Mesmo que você empenhe toda sua dedicação, fatores como questões empresariais, habilidade de gestão, sociedades, taxas, impostos, contratos, cobranças e crises permanentes poderão atrasar sua caminhada. Um dia você vai ganhar e no outro você pode perder. E vai precisar **renascer**. Todo empresário precisa ser uma Fênix.

Não é nada fácil emplacar uma carreira. **Conquistas** levam tempo. **Muito tempo!** Na universidade, você dedicará em média cinco anos da sua vida apostando e acreditando na formação profissional. Supere os contratempos e, independentemente de qualquer fator externo, faça da universidade o seu espaço de aprimoramento técnico, de experimentação, de explosão criativa e de formação de novas amizades. Não importa também que seu curso seja bem ou mal conceituado. Ou mesmo que sua universidade se encontre bem ou mal equipada. Seu futuro dependerá **exclusivamente de você**. Caberá a você digerir e tirar o maior proveito possível de tudo o que passar por sua frente e lhe for apresentado. Acredite no seu taco e se esforce muito.

Tenha certeza de que a **universidade** será um importante instrumento de aprimoramento do seu potencial, mas não o seu anjo da guarda. Sua **energia potencial** dependerá exclusivamente de sua **vontade** e de sua **determinação.** Suas iniciativas definirão o seu **futuro.**

Só para lembrar: **curiosidade, determinação, vontade** e muito **trabalho**.

Não deixe de assistir ao filme **"Sociedade dos Poetas Mortos"**. É ótimo para ser visto durante o período de formação acadêmica.

Filme - Sociedade dos Poetas mortos (1990)

TRABA-
LHO

04

"Há uma força motriz mais poderosa que o vapor, a eletricidade e a energia atômica: a vontade."

Albert Einstein

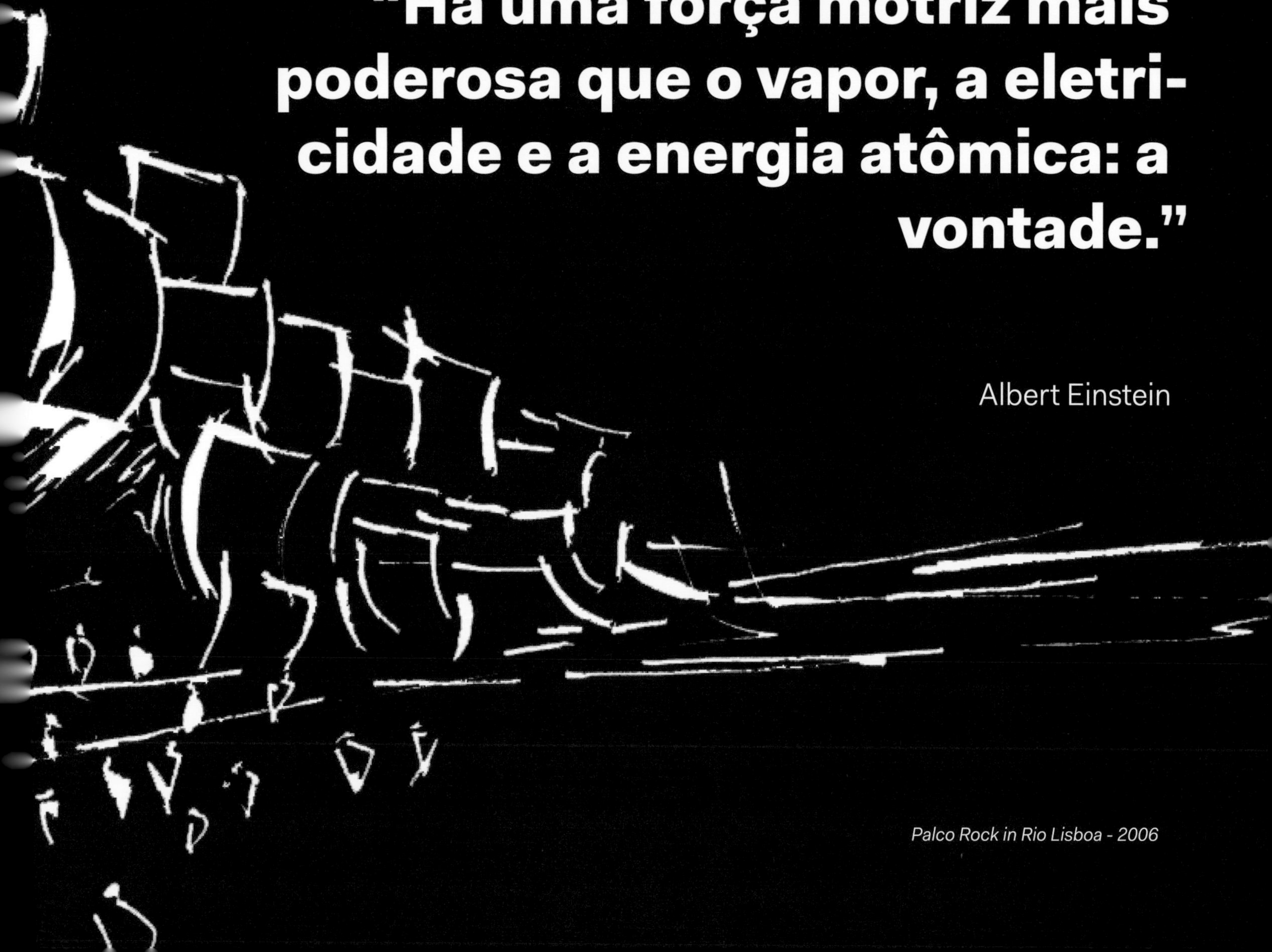

Palco Rock in Rio Lisboa - 2006

04

Trabalhar é preciso e, como dizem os mineiros, é **bom demais!!!!**

Se você quiser conquistar bons projetos, vai precisar **ralar muito**. Mas MUITO mesmo. Por **anos consecutivos** e, se a saúde ajudar, a **vida toda**.

Como um atleta, você precisa **treinar**, adquirir **experiência** e mostrar **serviço.** Tenha certeza de que, após a conclusão da universidade, você ainda vai ter muito o que **aprender**. Também por **anos** consecutivos e a **vida toda**. E somente **praticando, trabalhando** e se **esforçando** terá condições de aprimorar suas habilidades. Ficar esperando uma anunciação cair do céu e catapultá-lo para a vida artística e profissional não vai rolar. Desculpe-me a insistência com o **muito**, mas é o único caminho que conheço. Diferente disso, só a SORTE. Mas não podemos ficar contando com esse raríssimo benefício.

Quando surgirem as primeiras oportunidades para se apresentar, provavelmente você não terá muito o que mostrar. Muito possivelmente suas realizações pessoais estarão limitadas aos projetos desenvolvidos na universidade. Você terá consequentemente pouca produção e gozará ainda de pouca credibilidade para atender às demandas exigidas pelo mercado. Seu conhecimento técnico ainda estará em fase de aprimoramento. Sua experiência em obras civis ainda não terá sido testada. Sua habilidade criativa e seus conhecimentos técnicos poderão ainda não estar afinados com o entendimento preciso de um briefing, de um programa de trabalho, de um budget, ou mesmo com as reais responsabilidades que envolvem uma obra.

Conclua o curso sabendo que se inicia ali uma segunda universidade. Desta vez, se utilizando de recursos reais e investimentos vultosos. Construir custa caro, e por isso também é preciso ter muita responsabilidade. Tenha consciência que você terá sempre o que aprender. Não somente a criatividade precisará ser exercitada diariamente, mas você terá que se adequar às demandas do mercado, cumprir as exigências legais, atender o público-alvo e projetar com máxima atenção aos recursos disponíveis. Nada disso é exigido durante o curso, mas agora é real e move recursos de terceiros. Ou seja, acabou a brincadeira lúdica e começa uma nova etapa. Sendo que esta deverá ser mais madura e responsável.

O conjunto **arte, técnica e eficiência** é o que vai gerar **credibilidade**. Não desanime, acredite no seu potencial, tenha paciência e o resultado virá com o tempo.

Mas por onde começar?

Em início de carreira, investir em projetos de **risco** pode ser a melhor alternativa.

Até me decidir pela arquitetura, passei anos me dedicando a diversas experiências profissionais. Aos 35, percebi que precisava optar por uma única atividade. Comecei a entender que ser um especialista em TV, rádio, moda, teatro e arquitetura não daria certo. Precisava focar e avançar com uma escolha. Era importante recuperar o tempo disperso, me posicionar, mostrar trabalho e capacidade executiva. Optei, claro, pelo que também gostava e certamente tinha maior habilidade, a arquitetura.

A partir daí, qualquer possibilidade, mesmo distante, de concretizar um projeto, eu procurava transformar em uma real oportunidade. Comecei a desenvolver dezenas de projetos no risco com o objetivo de produzir material, me aproximar do mercado e criar relacionamento. Erguer alguma edificação era preciso, mesmo que a preços reduzidos. Os irmãos Carlos e João Davies me confiaram o projeto do primeiro restaurante mexicano Guapo Loco, que seria construído no Leblon. Desenvolvi esse trabalho em parceria com a amiga de universidade, a arquiteta Lydia Murad. O espaço, uma mistura de restaurante e casa noturna, se tornou um dos maiores points noturnos da noite carioca. Os irmãos Davies eram ainda jovens empresários com disposição para jogar e topavam aventuras mais arriscadas. As torres e paredes inclinadas do Guapo Loco foram um enorme sucesso na Zona Sul do Rio de Janeiro e renderam bons resultados em Búzios, na Barra da Tijuca e em Niterói.

O mesmo com o restaurante Zapata, do amigo Edgar Alvarenga, também um novo empresário do ramo. Construímos o primeiro Zapata na Rua das Pedras, ao lado do já consagrado Chez Michou. Com uma ideia bem concebida e uma imagem original, atraente e criativa, o Zapata vivia lotado. Lembro-me do Mario, dono do Chez Michou, dizer que “era melhor ter o Zapata ao lado do que longe do Chez Michou”. Os primeiros castelinhos começaram a ser erguidos. Dedicava-me de coração e alma aos mínimos detalhes, até a conclusão das obras. Nessa época, dividia o meu tempo com a direção do Núcleo de Comunicação de televisão da Estácio de Sá. Havia acabado de voltar de Búzios e o trabalho na Estácio garantia certa estabilidade financeira.

A arquitetura rendia ainda muito pouco. Mas percebi que, nessa atividade, eu conseguiria um verdadeiro destaque no mercado. Comecei a fotografar os restaurantes, montei um primeiro book, um site, aluguei uma pequena sala e, com o apoio da jornalista e amiga Marcia Maya, iniciei uma jornada mais

Guapo Loco - 2003 (Búzios)

Guapo Loco - 2003 (Búzios)

profissional na área da arquitetura. Com alguns contatos, participei de pequenas concorrências. Disputava com vários escritórios, e em algumas ocasiões saí vencedor. Foi um período em que desconsiderei totalmente o dia, a noite ou o fim de semana. Trabalhava durante o dia na Estácio e me estendia pelas madrugadas para concluir os projetos. Precisava produzir material, formar currículo e expor o meu trabalho no mercado.

Do clássico de Geraldo Vandré: "Vem, vamos embora, que esperar não é saber. Quem sabe faz a hora, não espera acontecer".

Se estiver sem projeto, **invente** qualquer coisa. Desenvolva croquis, desenhe um mobiliário e crie projetos autorais. Seja o cliente e, simultaneamente, o projetista. Em hipótese nenhuma fique parado. Não deixe o tempo passar enquanto você espera alguém convidá-lo para trabalhar. É fundamental **praticar**. Ao mesmo tempo, se torne um vendedor e um fervoroso divulgador do seu trabalho.

Foi assim com um projeto da **Linha AZUL**.

Eu estava sentado no alto da viga do terceiro andar de uma casa em construção na Barra da Tijuca. Estava curtindo o Canal de Marapendi, quando me veio a lembrança do transporte marítimo que opera na travessia do Canal da Mancha. Naquele momento, imaginei a possibilidade de ligar a Barra da Tijuca à Zona Sul do Rio pelos canais da Barra e pelo mar. Os barcos poderiam ser os mesmos hovercrafts utilizados na Europa. São embarcações confortáveis, climatizadas, de fácil manobra, rápidas e que não exigem calado, pois funcionam sobre um colchão de ar.

Fiquei com aquilo na cabeça o dia todo. Quando cheguei em casa fui direto levantar o mapa da cidade. Estudei os canais, pesquisei detalhes das embarcações e comecei a montar um material de apresentação. Sabia que era um negócio extremamente complexo, mas achei que a cidade e a mídia iriam gostar. O jornal O Globo e o Jornal do Brasil dedicaram grande espaço à ideia. Em função do retorno da imprensa, acabei me reunindo com construtoras, políticos e empresários. O projeto ganhou bom destaque na mídia e fez com que eu conhecesse muitos profissionais. Apesar de a proposta nunca ter sido realizada, ganhei reconhecimento e credibilidade no mercado.

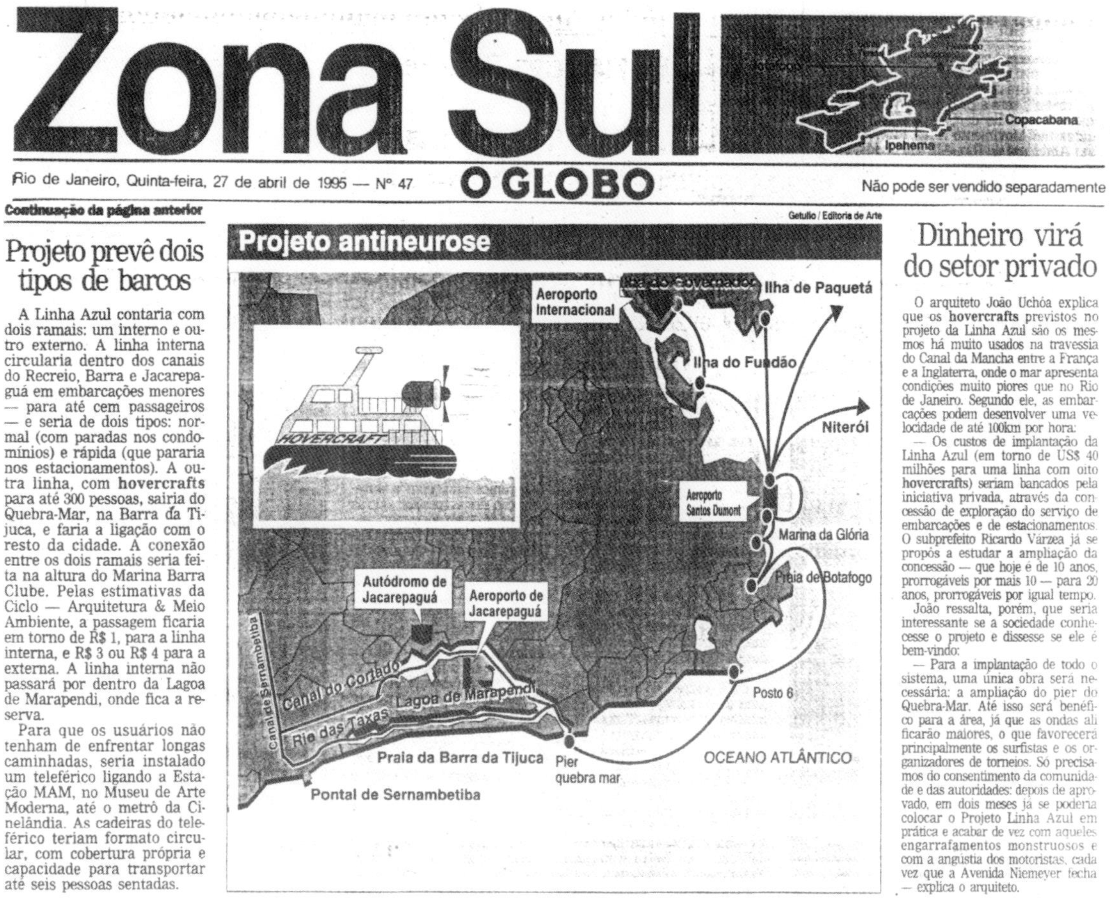

Zona Sul

Rio de Janeiro, Quinta-feira, 27 de abril de 1995 — Nº 47 **O GLOBO** Não pode ser vendido separadamente

Continuação da página anterior

Projeto prevê dois tipos de barcos

A Linha Azul contaria com dois ramais: um interno e outro externo. A linha interna circularia dentro dos canais do Recreio, Barra e Jacarepaguá em embarcações menores — para até cem passageiros — e seria de dois tipos: normal (com paradas nos condomínios) e rápida (que pararia nos estacionamentos). A outra linha, com **hovercrafts** para até 300 pessoas, sairia do Quebra-Mar, na Barra da Tijuca, e faria a ligação com o resto da cidade. A conexão entre os dois ramais seria feita na altura do Marina Barra Clube. Pelas estimativas da Ciclo — Arquitetura & Meio Ambiente, a passagem ficaria em torno de R$ 1, para a linha interna, e R$ 3 ou R$ 4 para a externa. A linha interna não passará por dentro da Lagoa de Marapendi, onde fica a reserva.

Para que os usuários não tenham de enfrentar longas caminhadas, seria instalado um teleférico ligando a Estação MAM, no Museu de Arte Moderna, até o metrô da Cinelândia. As cadeiras do teleférico teriam formato circular, com cobertura própria e capacidade para transportar até seis pessoas sentadas.

Getulio / Editoria de Arte

Projeto antineurose

Dinheiro virá do setor privado

O arquiteto João Uchôa explica que os **hovercrafts** previstos no projeto da Linha Azul são os mesmos há muito usados na travessia do Canal da Mancha entre a França e a Inglaterra, onde o mar apresenta condições muito piores que no Rio de Janeiro. Segundo ele, as embarcações podem desenvolver uma velocidade de até 100km por hora:

— Os custos de implantação da Linha Azul (em torno de US$ 40 milhões para uma linha com oito **hovercrafts**) seriam bancados pela iniciativa privada, através da concessão de exploração do serviço de embarcações e de estacionamentos. O subprefeito Ricardo Várzea já se propôs a estudar a ampliação da concessão — que hoje é de 10 anos, prorrogáveis por mais 10 — para 20 anos, prorrogáveis por igual tempo.

João ressalta, porém, que seria interessante se a sociedade conhecesse o projeto e dissesse se ele é bem-vindo:

— Para a implantação de todo o sistema, uma única obra será necessária: a ampliação do pier do Quebra-Mar. Até isso será benéfico para a área, já que as ondas ali ficarão maiores, o que favorecerá principalmente os surfistas e os organizadores de torneios. Só precisamos do consentimento da comunidade e das autoridades: depois de aprovado, em dois meses já se poderia colocar o Projeto Linha Azul em prática e acabar de vez com aqueles engarrafamentos monstruosos e com a angústia dos motoristas, cada vez que a Avenida Niemeyer fecha — explica o arquiteto.

Cidade do Samba - 2005 (RJ)

Outros projetos, como a **Cidade do Samba**, avançaram.

> Entrei na concorrência faltando apenas um dia para a entrega do projeto para a LIESA (Liga Independente das Escolas de Samba). Na época, a produção de imagens 3D ainda era uma habilidade restrita a grandes corporações de mídia ou a alguns poucos profissionais especializados. Peguei uma folha de papel vegetal A0 e desenhei, a mão livre, um Masterplan e um layout do que poderia ser a fachada. Colori com hidrocor e mandei apenas essa planta para a concorrência. O layout, a implantação e a proposta de funcionamento da cidade que desenhei foram os grandes destaques do projeto. Independentemente da apresentação simplificada, ganhei a concorrência. Uma obra de 120 milhões de reais e três anos de trabalho.

Em outra oportunidade, a amiga Ana Luísa Anjos me apresentou o empresário Roberto Medina.

> Nessa época, eu ainda não tinha grandes obras realizadas, mas as casas e os restaurantes já tinham uma pegada criativa e, em função dos projetos de risco que havia desenvolvido, tive muita coisa para mostrar. Tivemos uma afinidade inicial e começamos uma amizade. Era uma época em que eu ainda me dividia entre a arquitetura e a produção audiovisual. Com o trabalho ambiental que produzi na TV Búzios, Roberto me chamou para formatar e dirigir a TV Mundo Melhor na edição de 2001 do Rock in Rio. O resultado foi excelente. Em 2004, desenvolvi um megaprojeto natalino para a Vodafone em Lisboa em parceria com a Roberta Medina, e ganhamos a concorrência. Após a conclusão desse trabalho, Roberta comentou que estavam querendo revigorar a imagem dos palcos do festival. Nessa época, a CICLO já contava com uma estrutura um pouco mais robusta e aceitei participar de mais esse trabalho de risco. Começamos a produzir uma série de estudos para o Palco Mundo. O Roberto, que é um cara impres-

Implantação

Perspectiva

33

sionantemente certeiro nas escolhas, apontou:

- Gostei desse... Vamos com esse.

Mas comentou também.

- Precisa fazer um protótipo.

Definimos, ali mesmo, que o protótipo deveria ter uma área de 30 metros quadrados. Tente imaginar a nossa situação. Para seguir no jogo, teríamos agora que produzir uma robusta estrutura vertical, totalmente forrada com chapas metálicas em formas sinuosas e, pra ficar ainda menos fácil, a montagem deveria ser realizada em um espaço coberto e fechado. A solução foi o aluguel de um mega estúdio de cinema no Polo de Cinema do Rio.

Nós não tínhamos dinheiro para fazer essa produção. Mas não poderia fraquejar naquele momento.

Topei de imediato.

- Vamos fazer.

- 10 dias? – perguntou o Roberto

- Ok. 10 dias.

Saímos da reunião com uma difícil missão.

Lembrei então da amiga Luciene Pimenta, proprietária da FORMATO. Estávamos realizando alguns trabalhos em parceria e fui pedir um apoio. De alguma forma, que não me recordo como, dividimos a produção do trabalho.

Era fundamental garantir o resultado e ganhar o direito de construir o Palco Mundo.

Era preciso testar o design, o material e observar o resultado da projeção da luz nas placas. Alugamos ainda equipamentos de som, projeção e iluminação. Montamos o maior circo. Roberto chegou acompanhado de dois grandes produtores artísticos, Jef Bandeira e da também querida Marisinha. Posso garantir a vocês, a apresentação do protótipo foi o maior SHOW!!!

Mas, como nunca é fácil, tivemos uma questão.

A chapa perfurada das placas metálicas deixava à mostra a estrutura tubular de sustentação do painel. Depois de conversarmos, chegamos à conclusão de que deveríamos tensionar uma lona preta no espaço entre as chapas sinuosas e a estrutura metálica. Com isso, foi preciso alugar o estúdio por mais um dia e contratar novamente a totalidade da operação.

- Amanhã? – perguntou Roberto.

- Amanhã – respondi.

Amanhecemos atrás de lona preta, forramos o painel e às 18hs fizemos um novo teste.

- APROVADO!!!!

Em 2006 montamos em Lisboa o primeiro palco metálico do Rock in Rio. Até hoje continuamos a desenvolver o projeto dos principais palcos e estruturas do festival.

Vieram novas concorrências, mais projetos de risco e tivemos grandes êxitos. Alguns exemplos foram o enorme palco da **Jornada Mundial da Juventude**, o design para as lojas da **NET**, o projeto para o **Cine Clube Petrobras** e mais uma dezena de bons resultados. O desenvolvimento de projetos cenográficos se tornou um bom negócio para o escritório. Uma atividade rápida, que exigia uma produção muito reduzida de plantas de arquitetura e de detalhamentos técnicos executivos. Uma atividade que, mesmo com essa redução de produção de material técnico, pode remunerar muito bem. Com a participação em projetos de risco, conseguimos ganhar algumas concorrências e conquistamos reconhecimento nesse mercado.

Alguns projetos nunca foram realizados, mas são parte importante do book, do site e das apresentações que fazemos da **CICLO** para novos clientes. O **Hostel** que desenvolvemos para a **Coca-Cola**, a **Cidade** do **Rock in Rio** para os **Emirados Árabes** e o **Hotel Cine Icaraí,** de Niterói, são alguns exemplos.

Para evoluir como profissional, crescer no mercado e poder sonhar mais alto só existe um caminho, o **trabalho**.

Hostel Coca - Cola- 2012 (RJ)

Hotel Icaraí - 2010 (RJ)

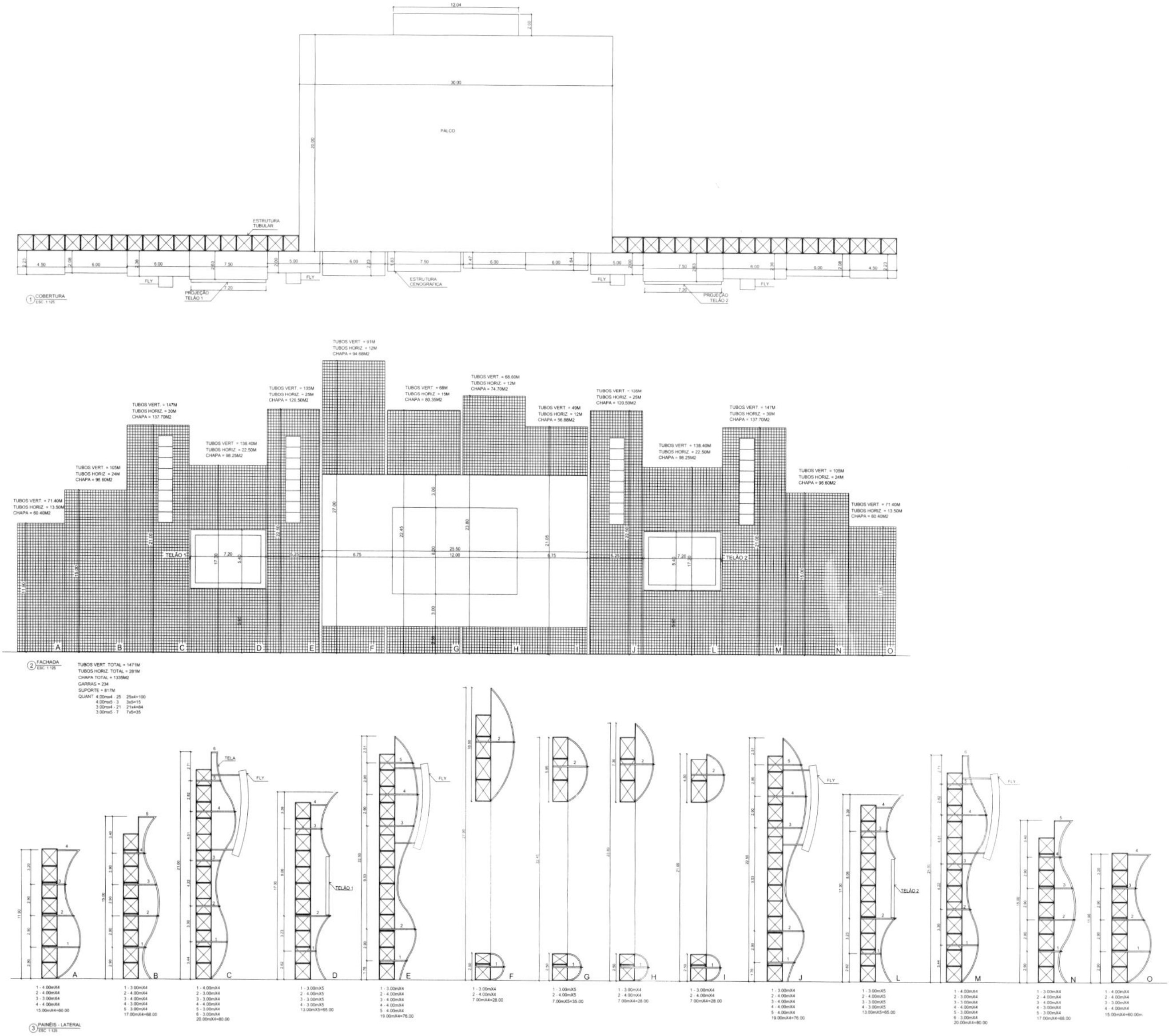
PALCO
ESTRUTURA TUBULAR
ESTRUTURA CENOGRÁFICA
PROJEÇÃO TELÃO 1
PROJEÇÃO TELÃO 2
FLY
1 COBERTURA
TELÃO 1
TELÃO 2
2 FACHADA
TELA
3 PAINÉIS - LATERAL

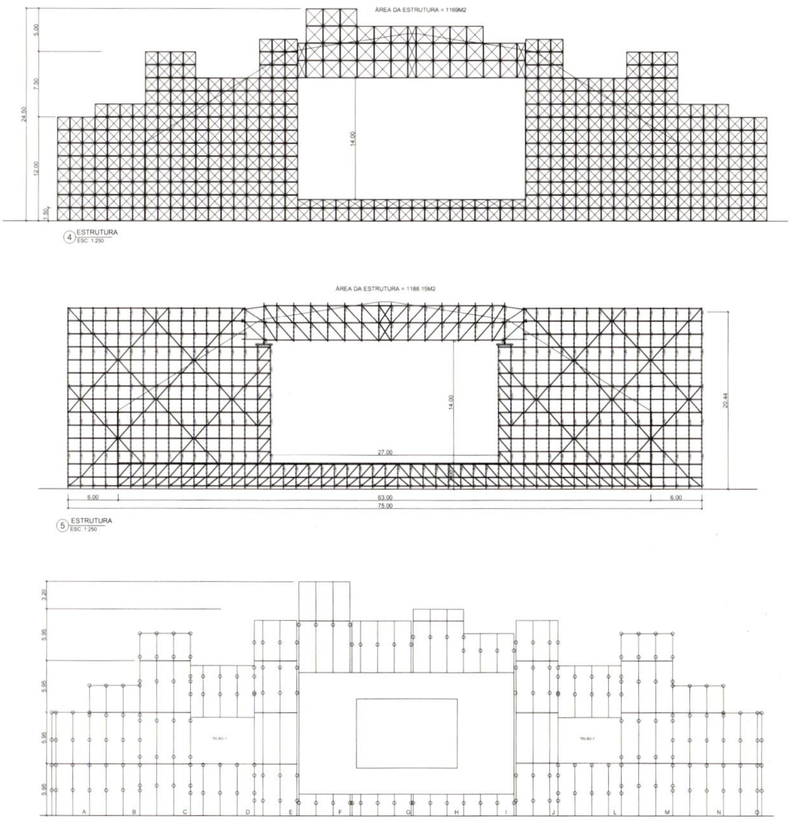

4 ESTRUTURA ESC. 1:250

5 ESTRUTURA ESC. 1:250

6 GARRAS ESC. 1:250

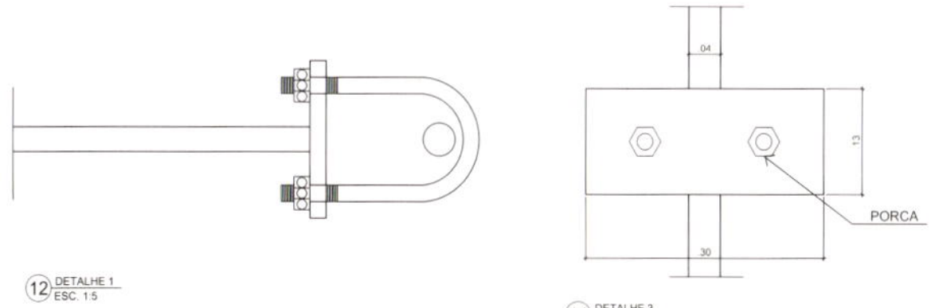

12 DETALHE 1 ESC. 1:5

14 DETALHE 3 ESC. 1:5

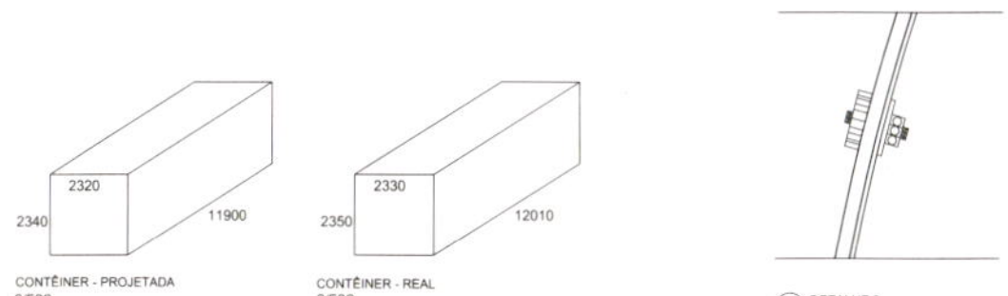

CONTÊINER - PROJETADA S/ESC

CONTÊINER - REAL S/ESC

13 DETALHE 2 ESC. 1:5

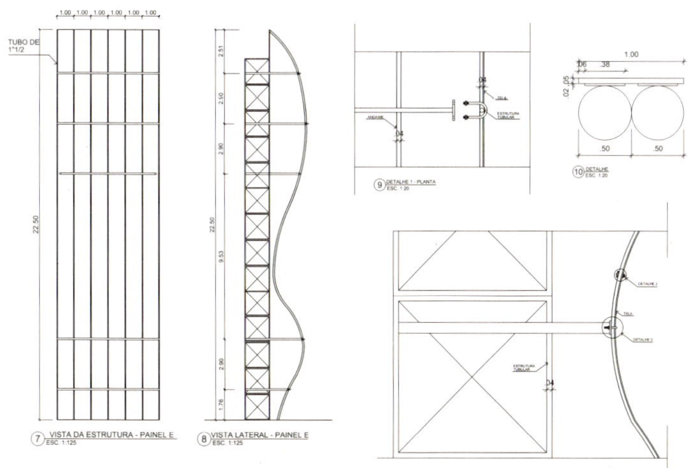

7 VISTA DA ESTRUTURA - PAINEL E ESC. 1:125

8 VISTA LATERAL - PAINEL E ESC. 1:125

9 DETALHE 1 - PLANTA ESC. 1:20

10 DETALHE ESC. 1:20

11 DETALHE 1 - CORTE ESC. 1:20

ROCK IN RIO / CICLO ARQUITETURA	ARQUITETURA, URBANISMO E MEIO AMBIENTE TELs.: (55) (21) 2275-7210 - (55) (21) 2275-0730 e-mail: ciclo@ciclo.arq.br - www.ciclo.arq.br		
CLIENTE: ROCK IN RIO 2006		DATA: 05/01/2006	CÓD. DO PROJETO:
ENDEREÇO DA OBRA: LISBOA		DISCIPLINA: CENOGRAFIA	
TÍTULO: PALCO MUNDO LISBOA 2006		ESCALA: INDICADA REVISÃO: REV 00	FOLHA Nº.: 001
AUTOR DO PROJETO: JOÃO UCHÔA E VITOR WANDERLEY	NOME DO ARQUIVO:	NOME DO DESENHO:	
DESENVOLVIMENTO DO PROJETO: BARBARA URBANO	VERIFICAÇÃO: JOÃO UCHÔA E VITOR WANDERLEY	DIREITOS AUTORAIS RESERVADOS. A REPRODUÇÃO TOTAL OU PARCIAL SEM AUTORIZAÇÃO PRÉVIA SUJEITARÁ O INFRATOR ÀS PENALIDADES DA LEI 5194 DE 24/12/66	

Palco Rock in Rio Lisboa - 2006

Este livro, por exemplo.

Quem garante que será editado?

Qual a função?

Vale a pena?

Tenho tempo para isso?

Não importam as questões. Vale pelo empenho, pela aventura, pelo exercício da experimentação e pela brincadeira de **realizar**.

As iniciativas em projetos de risco foram excelentes motivadores de pesquisa, de produção de ideias e fundamentais na criação de novos relacionamentos com o mercado. A eficiência, a qualidade de entrega do produto, o compromisso com o cliente e um atendimento impecável garantiram a fidelização junto a nossos parceiros, amigos e clientes.

> No final de 2004, tive a ideia de projetar uma grande árvore de natal. Junto com o arquiteto Vitor Wanderley, amigo e grande parceiro, projetamos uma árvore de natal com 40 metros de altura. Criamos o conceito, o design, produzimos as imagens, orçamos e iniciamos o processo de comercialização. Não havia qualquer encomenda e o projeto nunca foi executado. Em um encontro do meu pai com o produtor Nelson Drucker, ele comentou que eu estava desenvolvendo um projeto natalino. O produtor falou com Roberta Medina, que me telefonou convidando para entrar na concorrência da decoração natalina para a Vodafone (telefonia celular), em Lisboa, e ganhamos o edital. Um investimento que, por caminhos diversos, resultou em uma excelente realização. A parceria nos aproximou ainda mais de Roberta que, ainda durante os trabalhos de montagem da decoração natalina, me convidou para projetar os palcos da segunda edição do Rock in Rio Lisboa. Foi necessário criar um projeto que fosse aprovado pelo presidente do grupo, o empresário Roberto Medina. Como comentamos anteriormente, o negócio avançou e continua prosperando.

A participação em projetos de **risco** é ainda uma oportunidade de conhecer arquitetos, técnicos, engenheiros, designers, publicitários, produtores e empresários. Certamente, você cruzará com pessoas que estão no mercado e, possivelmente, terá novos convites. Para além do relacionamento com o mercado e da conquista de possíveis resultados, sua equipe terá se mobilizado, cumprido prazos, atingido metas e exercitado as capacidades de criação e produção. Em nenhum momento você poderá descuidar da qualidade de uma entrega. Para participação em uma concorrência é exigido o mesmo empenho na montagem de um projeto contratado. Em hipótese alguma você pode encaminhar para o mercado um projeto que não esteja em acordo com os rígidos padrões de qualidade do seu escritório. Cada projeto desenvolvido carrega a marca do seu negócio.

Ganhar uma concorrência é o maior tesão!!! Pode ter certeza disso. Caso o projeto não atenda às expectativas do cliente e seja rejeitado na concorrência, não desanime e não perca tempo se lamentando. Vire a página e siga para os próximos capítulos. Mesmo quando não levamos o caneco, ao final deste tipo de participação teremos concluído a produção de um ótimo projeto. Ele servirá como material de apresentação do seu trabalho e poderá funcionar em uma futura encomenda. Mais de uma vez, um projeto recusado em um concurso sofreu pequenas alterações e foi bem-sucedido em uma demanda posterior.

Eficiência é outra exigência do mercado. Ter prestado um bom serviço não vai garantir a fidelização do cliente. Você vai ter que prestar um bom serviço sempre. Se o cliente for atendido de forma **espetacular**, melhor ainda. Mas, se deixar cair a qualidade, você abre espaço para o questionamento das suas atribuições e pode ser o fim de uma relação profissional.

Quem **investe** quer **eficiência**.

Quem **contrata** quer **superação**.

Quem **paga** quer **resultado**.

A Cidade do Samba custou, na época (2006), 120 milhões de reais em obras. O Búzios Breezes Resort é outro empreendimento na casa dos 80 milhões de reais. As estruturas cenográficas do Rock in Rio mobilizam investimentos vultosos por edição. Mesmo um pequeno restaurante pode custar de 300 a 800 mil reais. Como arquitetos, temos uma enorme responsabilidade no investimento do cliente. Não apenas na atenção ao padrão **estético** e **funcional** do empreendimento, mas também na garantia de antendimento aos **custos** de obras. Todo cliente gosta de ver um profissional responsável e atento com despesas e orçamentos.

Arquitetura é bem **complicado!!!** É uma atividade que reúne dezenas de especialistas, técnicos em cálculos estruturais, projetistas de instalações elétricas, hidráulicas, especiais, refrigeração, bombeiro, dados, acessibilidade, iluminação, paisagismo, interiores, entre outros. Para cada especialidade será exigida a produção de dezenas de especificações e de detalhamentos técnicos. Para fechar, tudo deverá estar interligado, compatibilizado, licenciado e seremos sempre cobrados para reduzir custos. Por isso, precisamos de profissionais qualificados, responsáveis e com atenção redobrada.

A finalização de um projeto exige um olhar muito **criterioso** e **detalhista**. Um erro, um equívoco, um esquecimento ou um cálculo errado podem custar muito **caro!!!** Nesse mar de responsabilidades é preciso garantir **eficiência.** É preciso também saber se **relacionar** com todo o corpo de técnicos envolvidos nos projetos e nas obras. É preciso cumprir as **metas**, os **prazos**, ser solícito e, de preferência, ser uma pessoa **agradável.**

A atividade profissional é um jogo justo porque não é jogado com dados, e sim com competência. Normalmente, vence o melhor e não o que tem mais sorte.

Tenha consciência de que um projeto não é, nem de longe, uma propriedade sua. Você não está em um trabalho autoral, e sim envolvido na prestação de serviços para **terceiros**. Cumpra sua tarefa com paixão, mas sem vaidades pessoais. Tenha o objetivo e a capacidade de oferecer ao cliente o que ele espera e o que for melhor para o investimento dele.

Com **determinação** e muito **investimento**, sempre desejei buscar melhores resultados para o escritório e para toda a equipe. Não por capricho, visibilidade, por desejo de riqueza ou por qualquer tipo de vaidade. Faço pelo simples **prazer de fazer bem feito**.

Até hoje, e com muita frequência, saímos do escritório tarde da noite. Trabalhar em casa e nos fins de semana é outra rotina. Porque, antes de tudo, o trabalho é também o nosso brinquedo. **Workaholic? Não!!!** Bem longe disso. **Apaixonado? Sempre!!!!**

"Há uma força motriz mais poderosa que o vapor, a eletricidade e a energia atômica: A VONTADE" – Albert Einstein

MER-
CADO

05

“SUCESSO NÃO É DESTINO, É ESTRADA”

Autor desconhecido

05

Concluiu a universidade!?
Maravilha!!!

Lembro-me de quando acordei pela manhã com um pesadelo.

Sonhei que estava fazendo uma prova e não sabia nada.

Acordei em pânico, mas, quando me dei conta de que não faria mais prova de avaliação, veio um sentimento de **felicidade** inesquecível. Depois de anos consecutivos frequentando aulas diárias, não teria mais que fazer provas, tirar boas notas ou passar de ano. Bom demais!!!!!!!!

Aos 23 anos, estava livre dos estudos formais e poderia dedicar mais tempo às minhas escolhas. Quando me formei, fazia teatro, trabalhava como designer de moda e pegava onda. Procurar emprego não era uma questão. Eu já estava trabalhando e envolvido com outras atividades.

Mas pode não ser tão fácil. Imediatamente após receber o diploma de arquiteto, você já vai custar mais caro. E o pior, para se manter em um escritório, vai precisar se enquadrar em esquemas burocráticos de contratação formal que geram cobranças de taxas e impostos elevados. Em muitos casos, seu estágio termina e você tem grandes chances de não ser contratado. Não quero desestimulá-los com essa informação, mas é uma realidade.

E aí, por onde começar? Em que porta bater? Onde e como procurar?

O que oferecer de diferenciado? Vou disparar currículos na internet?

Vou bater na porta dos escritórios? Ou fazer tudo ao mesmo tempo?

A partir dos 18 anos, todos devem começar a trabalhar. Não é preciso necessariamente conseguir um emprego, mas fazer algo que crie uma relação entre profissional, produto e cliente. Qualquer coisa para movimentar sua relação com o mercado e com a atividade produtiva. Vivemos em um sistema de produção capitalista. É um sistema que premia a meritocracia e procura aqueles que gostam de trabalhar. Pode acreditar que o mercado estará em busca de grandes talentos, mas também sedento por encontrar profissionais entusiasmados e dedicados, qualidades muito valorizadas no mundo dos negócios.

Antes e durante o curso você precisa começar a produzir algo. Você pode fazer artesanato, se envolver em alguma produção artística, organizar um bazar, colaborar com uma ONG, mas, em hipótese alguma, ficar parado. Aproveite a liberdade da juventude e vá para a rua conhecer as pessoas, olhar a cidade, curtir a natureza e buscar inspiração para fazer algo produtivo. Mesmo que não seja para ganhar dinheiro. Esse não deve ser ainda o foco principal. O objetivo maior é aprender a se relacionar profissionalmente com terceiros e com o mercado.

Para se relacionar profissionalmente, não basta ser apenas um bom técnico. Você precisa ser alguém que inspire confiança, que traga conteúdo e que seja dotado de uma personalidade madura e atraente.

CONHEÇA SOBRE ARTE

Procure conviver com as atividades artísticas. Para arquitetos, as artes plásticas, o teatro, a música, a multimídia, o audiovisual, a moda ou o design são habilidades que ajudam a desenvolver a sensibilidade e o senso crítico. No ambiente artístico e cultural é possível colher informações e conteúdos indispensáveis para nossa profissão. São atividades que movimentam o emocional, atuam de forma educativa no comportamento e desenvolvem a habilidade de comunicação e de relacionamento.

Comece a visitar periodicamente museus, exposições, galerias de arte, eventos, shows, espaços culturais, teatros, concertos musicais, apresentações de dança e todas as outras possíveis atividades que a cidade esteja oferecendo. Você terá sempre um bom assunto para conversar com seus pares no trabalho. Isso conta pontos relevantes.

DESCUBRA O FOCO

Comece a procurar o seu foco de negócio. Descubra quais são, de fato, suas principais habilidades e se envolva, de preferência, em uma atividade compatível com as suas melhores capacidades. Esse é o melhor dos mundos. Nem sempre é fácil conseguir esse privilégio, mas persiga essa meta.

SEM SER CHATO, SEJA PROATIVO

Se estiver em um estágio, não se acomode apenas com a entrega básica dos seus compromissos. Esteja presente, com disposição e entusiasmo para ralar bem além da tabela

Desconsidere a carga horária. É preciso **gostar**.

O comprometimento é o verdadeiro diferencial. Produzir é um bônus. Todo diretor tem bons olhos para reconhecer um profissional que se dedica ao exercício do trabalho não apenas por necessidade, mas por responsabilidade e paixão.

O mercado é feito por pessoas, portanto, para crescer nos negócios, é preciso ser competente e aprender a conviver com as diversidades e as adversidades da fauna humana.

SE ENVOLVA COM A ARQUITETURA

Conhecer bem o funcionamento de uma obra é extremamente produtivo. E só se aprende vivenciando isso. Portanto, busque uma possibilidade para visitar ou conviver com uma obra. Talvez um parente ou um conhecido tenham contato com alguma construtora. Ou bata na porta, se apresente e diga:

– Sou estudante de arquitetura e gostaria de visitar a obra. É possível?

Sempre que eu via uma obra interessante, fazia isso. Pegava o telefone, ligava e, em 100% dos contatos, conseguia a visita. Visite também estandes de venda imobiliária que tenham quartos modelos. Comece a frequentar lojas e shoppings especializados em produtos para casa, lojas como Tok&Stok, Etna, C&C e Leroy Merlin. Não perca as feiras de arquitetura e esteja atualizado com o mercado. É preciso buscar fontes atualizadas de informação e conhecimento.

PARTICIPE DE CONCURSOS

Outra boa iniciativa é a participação em concursos para ESTUDANTES UNIVERSITÁRIOS. Informe-se sobre novos editais no Instituto dos Arquitetos do Brasil - IAB, na CAU ou em revistas especializadas para arquitetos, como a Projeto ou a Arc Design. São oferecidos anualmente concursos espetaculares e que funcionam como um ótimo treinamento profissional. Não importa o período que você esteja cursando e muito menos o resultado final da disputa. Convide uma amiga ou um parceiro do curso e inicie sua participação.

Mesmo que você não vença a concorrência, seu projeto poderá ser aproveitado em outra oportunidade e você certamente terá conhecido bons profissionais.

Convidados pela Dream Factory, entramos na concorrência para projetar o camarote de carnaval para a Vale do Rio Doce. Na equipe, contamos com a consultoria do Mauricio Mattos, responsável pelo exclusivo camarote da Rio, Samba e Carnaval. Tivemos um prazo muito curto para o desenvolvimento dos

Restaurante ARRIBA - 2004 (Juíz de Fora)

trabalhos. Viramos noites, produzimos imagens e um belo material de apresentação. Saímos com um honroso segundo lugar. Não levantamos o caneco, mas, entusiasmado com a qualidade e com a agilidade com que produzimos o projeto, Mauricio nos convidou para projetar os 700 m² do seu camarote naquele ano (2004). E depois seguimos projetando o camarote por mais 15 anos.

Tenha paciência e determinação

Em início de carreira, não é fácil ser contratado para desenvolver um projeto autoral. Uma obra custa caro, muito caro. Portanto, é difícil um investidor confiar seus recursos a um arquiteto recém-formado. Independentemente de talento, o investidor poderá optar pela experiência e pela segurança, contratando profissionais que estão há mais tempo no mercado. Mas não se intimide! Os projetos de porte reduzido sempre poderão contar com o apoio de um arquiteto iniciante. Procure esse cliente e se agarre a um pequeno negócio. Ele poderá viabilizar mais um castelinho e alavancar novos contatos. Saiba aproveitar as oportunidades e transformá-las em um bom resultado.

Não espere a conclusão do curso para começar a produzir. A vida profissional deve, ainda na juventude, ser incorporada às atividades do seu dia a dia com o mesmo empenho com que você busca ter um bom dia de surfe.

OUTROS SEGMENTOS

Depois de formado, fui convidado a participar de concorrências para a criação de estandes corporativos. É um segmento que exige muito da criatividade, além de agilidade e uma enorme necessidade de entender os detalhes de um **briefing**. Invariavelmente, o espaço será corporativo e estará apresentando um novo produto.

Viva o Rei - Homenagem a Joàozinho Trinta - 1994 (RJ)

Camarote Rio, Samba e Carnaval (Ano da França)- 2006 (RJ)

Portanto, seu projeto deverá criar uma imagem representativa da marca e funcionar como um excelente colaborador comercial do produto.

Neste tipo de projeto é preciso atender ao conjunto de necessidades funcionais e operacionais do espaço e ainda buscar uma solução estética afinada com o DNA da empresa e de forte impacto visual. O mesmo vale para o material de apresentação, principalmente as imagens virtuais em 3D. É um produto que envolve comunicação e um grande número de atribuições da área de marketing.

NADA É FÁCIL

Nem sempre será tão fácil como você gostaria. Encontrar clientes pouco atraentes e conviver com alguns chatos faz parte do pacote do instinto de sobrevivência de qualquer profissão. Trabalhar pode ser, para alguns, um sacrifício. No entanto, para concluir um produto com qualidade é exigido um sacrifício ainda maior. O mercado estará sempre à procura de profissionais competentes, criativos, dedicados e que estejam permanentemente bem-dispostos para produzir.

E nada de comodidade. Não fique achando que uma obra concluída vai lhe render uma chuva de clientes. Não vai! Não é fácil conquistar credibilidade. Leva um bom tempo e dificilmente você se dará ao luxo de relaxar.

O aprendizado também é uma atividade sem fim. Até hoje procuro conhecer um pouco mais dos detalhes da profissão, descobrir novas soluções, aprimorar a capacidade de relacionamento, ser mais eficiente e saber como melhorar o resultado dos negócios. É uma história com introdução, mas sem epílogo.

Para conquistar o status de um artista sensível e, ao mesmo tempo, de um projetista competente, será necessário muito trabalho e muito sacrifício.

Para quem gosta do que faz, podemos substituir a palavra sacrifício por paixão, e a palavra trabalho por lazer. Desta forma, sua atividade profissional se tornará uma permanente paixão pelo lazer. Aí fica fácil, concorda!?

Acordar cedo para fazer exercícios físicos, ler o jornal, abrir o escritório, revisar projetos, conversar com a equipe, agilizar a produção, agendar novos negócios, fazer contas, pagar, cobrar, visitar obras e atender cliente é parte da rotina e, em minha opinião, extremamente gratificante.

Como diz o meu pai quando vai para o trabalho, **"estou indo me divertir".**

Esteja preparado para enfrentar uma profissão na qual o tempo dedicado à criação, apesar de valer muito, é de 0,1%. Os outros 99,9% serão de muito trabalho e de muita transpiração. Melhor fazer da sua atividade profissional um estimulante momento de prazer.

SUCESSO NÃO É DESTINO, É ESTRADA.

Design de mobiliário CICLO

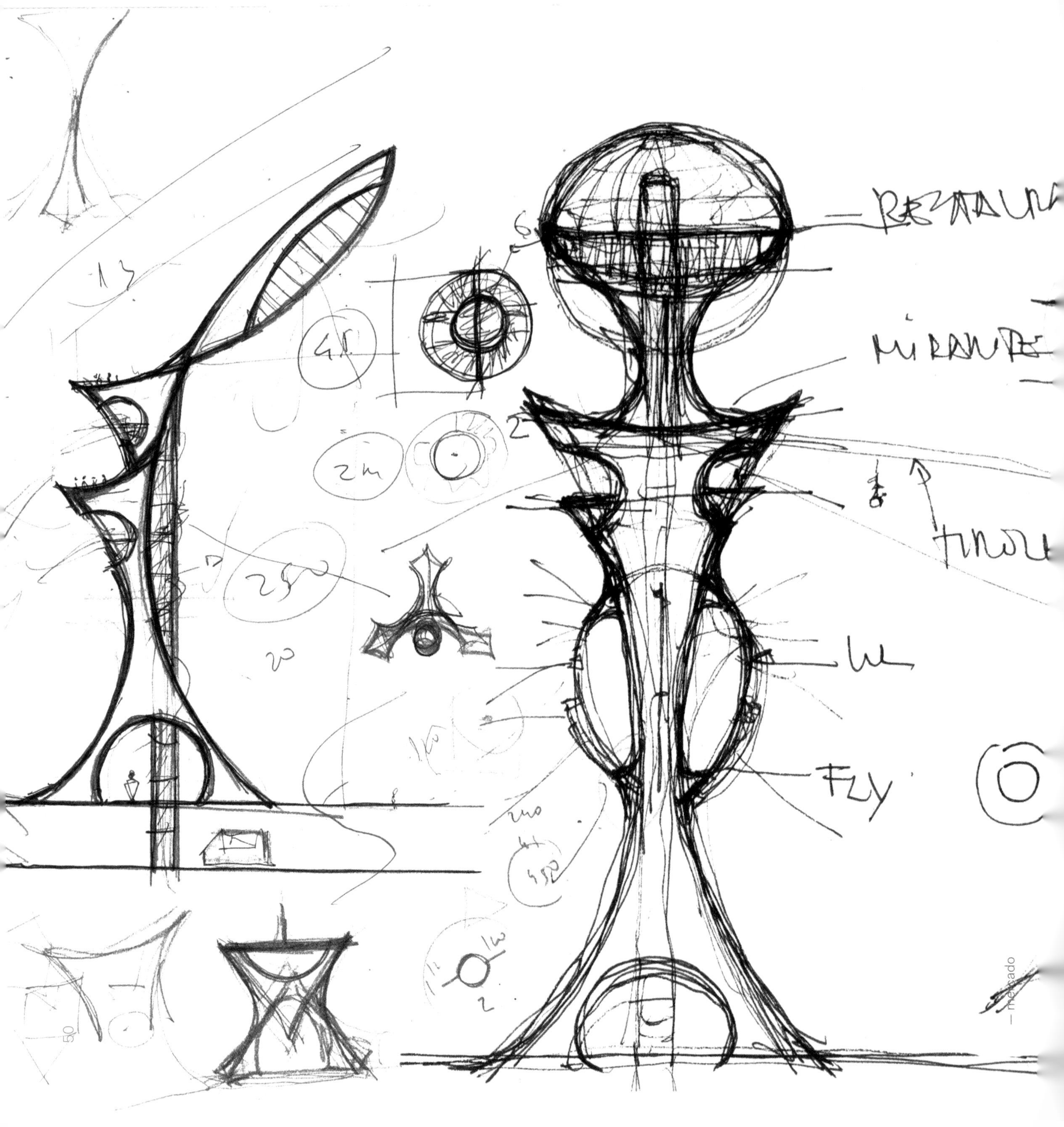
RESTAURA
MIRANTE
TIROLE
FLY

Rock in Rio Dubai

PORTA DOS FUNDOS

Rio de Janeiro

O Mercado de arquitetura é muito diverso e é preciso estar preparado para encontrar solução funcional e criativa para as novidades que forem sendo apresentadas. Quando surgiu a oportunidade para fazermos o escritório do Porta dos Fundos, rabiscamos uma brincadeira (ou piada) para ganharmos o grupo. Um boneco que tropeça no andar superior, vai de cabeça no chão, mas se recupera com um duplo mortal e sai correndo no térreo. A brincadeira deu certo e fechamos o contrato.

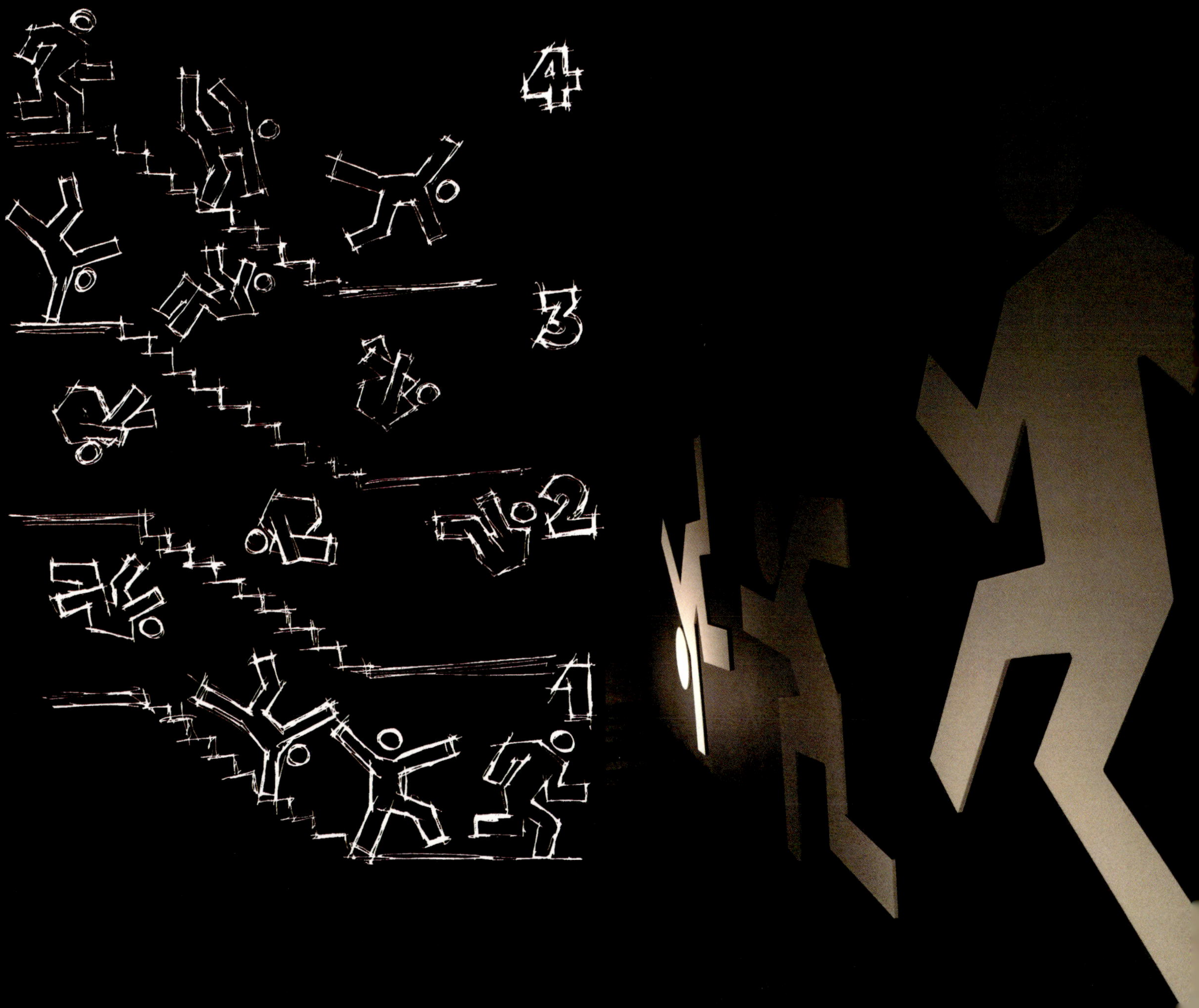

CRITI-
CA

06

"NO MOMENTO EM QUE PENSAMOS QUE SOMOS ÓTI-MOS, O LADO MEDÍOCRE JÁ COMEÇOU A SURGIR"

Jim Collins - consultor norte-americano, autor de "Empresas feitas para vencer".

06

Crítica é um **parceiro**.
Crítica é a possibilidade de **evolução**.
Crítica é uma **solução**.
Principalmente para o **"criticado"**.
Por mais absurda que seja uma crítica, por mais ridícula que possa parecer, vinda de quem vier
Bem ou mal-intencionado
Aprenda a **ouvir**!
Ouvir... ouvir... e ouvir
De forma atenta, aberta e sensível.

Quando eu dirigia a TV Búzios, trabalhei por quase cinco meses estruturando uma nova grade de programação. Estudei e produzi novas atrações, novas vinhetas de abertura e alterei os horários de alguns programas. Dois dias depois, quando caminhava à noite por uma rua do centro de Búzios, fui parado por um daqueles bêbados de cidade de interior. Daqueles bem chatos, amorosos, saudosos, pegajosos e falantes. O cara me pegou pelo braço e disse:

-Uchôa! Vem cá, Uchôa – gritava ele, sem largar meu braço.

E continuou:

-Tá errado! Aquele programa tá na hora errada. Vai brigar com a novela. A gente quer ver o seu jornal, mas não quer perder a novela. Troca isso, Uchôa!!

No dia seguinte, acordei cedo e fui pegar onda. Aquilo ficou na minha cabeça. Percebi que o sujeito estava coberto de razão. Voltei para a emissora, produzi uma nova vinheta do programa e alterei a grade de programação, desta vez, seguindo os conselhos do bebum.

Aprenda a **ouvir**

Sem preconceitos

Sem achar que sua ideia é melhor

Sem orgulho

Sem vaidades pessoais

Ouça, **ouça** e **ouça muito**.

Esteja aberto para escutar, do chefe ao bebum.

Reflita e, se achar relevante, **reconsidere**.

Saber reagir com neutralidade a uma **crítica**, positiva ou negativa, é um sintoma de maturidade e inteligência. Por favor, seja **ágil.** Não tenha frescura, vaidade e não perca tempo com uma defesa pessoal da "sua ideia". É preciso ter sensibilidade para apoiar a melhor solução para o cliente e para o negócio. Se uma proposta estética ou funcional não estiver agradando o cliente, cuidado para não ficar insistindo. Entenda que o cliente pode estar com a razão e, muito provavelmente, você estará equivocado.

Lembro-me de quando o proprietário do Hotel Le Canton resolveu construir um parque de diversões com temática medieval. Os diretores do grupo diziam que aquilo era completamente **falimentar** e que daria prejuízo. Emocionavam-se pelos cantos, dizendo que seria um fiasco. O parque foi construído e se tornou a maior atração do hotel.

Empresários mais velhos podem ser caras experimentados, inteligentes, corajosos e normalmente muito loucos. Eles podem estar vislumbrando um horizonte que você sequer terá capacidade de perceber antes do resultado concretizado.

Parc Magique - Hotel Le Canton - 2011 (RJ)

Parc Magique - Hotel Le Canton - 2011 (RJ)

Vale lembrar que arquitetura não é um instrumento puro da expressão artística. Atribuições técnicas fazem parte do nosso dia a dia. Nestes casos, é preciso ter ainda maior atenção aos comentários de profissionais e técnicos envolvidos no projeto. Uma decisão equivocada poderá gerar desconforto no futuro, falta de garantias funcionais, problemas de manutenção, funcionamento inadequado ou mesmo a eminência de risco à segurança. Por isso, é fundamental produzir aquelas longas atas de reunião. Invariavelmente, seremos forçados a recorrer a elas para esclarecer decisões tomadas pelo grupo. Uma obra é um conjunto de centenas de detalhes e uma bomba-relógio pronta para apresentar problemas. Tenha muita atenção para ouvir e tomar as decisões mais acertadas.

O desenvolvimento de um projeto de arquitetura, assim como a realização de uma obra, reúne um grande número de técnicos e promove dezenas de reuniões. Para ganhar credibilidade no grupo é preciso ter habilidade para ouvir e maturidade para reagir de forma ágil e isenta de vaidades pessoais. O foco deve ser unicamente o melhor resultado para a empreitada. É preciso aprender a lidar com a diversidade de opiniões de forma imparcial e produtiva. Aí você poderá ganhar a confiança e o respeito dos envolvidos. Repito que um projeto não pertence ao arquiteto, mas ao seu proprietário e às pessoas que irão usufruir do espaço.

Em uma fala

Em uma simples colocação podem estar o toque de **midas** e o **pulo do gato**. Arquiteto falador, vaidoso, metido e que não sabe **ouvir** é insuportável. Vai sempre achar que está abafando e no fundo pode estar pagando o maior **mico**. Acaba perdendo crédito no mercado e dificilmente terá bons resultados.

Mestres observam e escutam com muita atenção.

Hotel Fazenda Suiça - Le Canton 2011 (RJ)

EXPERI MENTA ÇÃO

07

“Se você não está disposto a arriscar, esteja disposto a uma vida comum”

Fim Rohn - Empreendedor Norte americano.

07

Conceitos inovadores
Formas arrojadas
Tecnologias alternativas
Materiais inusitados
Coragem
E um resultado **Exclusivo**

Queria projetar uma casa com forma esférica. O concreto, além da carga elevada, é um material que absorve e retém muito calor. Lembrei-me das casas de adobe e fiquei ligado no barro. Um material maleável e que funciona como excelente isolante térmico. Minha amiga Ana Luisa Anjos aceitou a experiência de fazer uma casa em forma esférica, estruturada em bambu e preenchida por barro. A casa seria construída na terceira praia da ilha de Morro de São Paulo, na Bahia. Chamei para o projeto Adilson Coqueiral, construtor e grande amigo. A questão ficou para a forma esférica da casa. As construções de barro possuem telhado e beiral de proteção das chuvas. A casa esférica não teria beiral. Como o barro resistiria à precipitação direta das águas? A casa derreteria em menos de um mês.

Casa no Vale das Videiras - 2005 (RJ)

Nunca havia realizado essa experiência. Para funcionar como estrutura e garantir a forma da esfera, optei pela fabricação de finas lâminas em ferro que foram dispostas em forma de meridianos (verticais). As lâminas tinham uma seção com espessura de 5mm, largura de 10 cm e foram calandradas seguindo a curvatura da esfera. Para receber a forração das varetas de bambu, criamos uma malha horizontal de vergalhão com as varas espaçadas a cada 50 cm. As telas de vergalhão foram fixadas nas faces interna e externa das lâminas calandradas. Aplicamos o bambu e estava formada a estrutura, uma parede com 15cm de espessura.

O preenchimento interno das paredes com barro é um trabalho manual realizado por duas pessoas. O barro deve ser aplicado no mesmo ponto, ficando um cara na parte interna da casa e outro na parte externa. Com isso, garantimos a compactação do barro entre as duas camadas de bambu. Outra técnica para garantir maior firmeza ao material é misturar fios de corda sisal na compactação do barro. Como na produção do vinho, o barro e o sisal são depositados no chão, e com os pés é feita a mistura dos materiais. Para o período de secagem do barro e proteção das águas das chuvas, criamos uma tenda sobre a cobertura de barro. Outra proposta do senhor Adilson foi a manutenção de uma fogueira acesa no interior da cúpula por um período de três dias. Funcionava como um forno cerâmico. Depois de mais cinco dias de secagem, ele aplicou uma impermeabilização com tecido fino (tela), sika e resina. A tenda foi mantida até a secagem final da resina e ganhou uma tonalidade esbranquiçada. Convidamos a artista plástica Evanice Pacheco para fazer uma pintura externa com uma coloração retirada do próprio barro. O resultado ficou espetacular! Em seguida, utilizamos a mesma concepção técnica para fazer as cúpulas do restaurante Cozumel, no Rio de Janeiro; a casa da família Bodin, em Itaipava; e mais uma cúpula para o restaurante ARRIBA, em Juiz de Fora. O incrível é que deu tudo certo e só posso agradecer ao senhor Adilson pelo talento com essa experiência. Sem ele, eu não teria conseguido

Casa no Vale das Videiras - 2005 (RJ)

Casa no Vale das Videiras - 2005 (RJ)

Não me recordo quando foi, mas me lembro de me ligar no efeito térmico da moringa de barro e querer materializar essa técnica em grande escala. Ao mesmo tempo, tinha vontade de construir um ambiente com forma esférica. Associei as duas possibilidades e fiquei esperando uma oportunidade. O difícil seria encontrar um doido que comprasse essa ideia. Acabei encontrando quatro clientes: Ana Luisa, Carlos e João Daves e Marcos Bodin. Por se tratar de um trabalho experimental, me aventurei com maior responsabilidade na empreitada.

Trabalhar com linhas sinuosas será sempre um complicador para a execução da obra. Quando estiver pensando em criar um projeto com design orgânico, esteja consciente de que você deverá fornecer as especificações de materiais, definir os detalhes técnicos e formatar a metodologia construtiva das estruturas, acabamentos e revestimentos. Certamente, os custos serão mais elevados do que construir uma parede de tijolo, e a chance de o acabamento ficar defeituoso será absurdamente maior. No papel é sempre fácil, mas cuidado com o que você inventa. Formas sinuosas vão exigir uma construção mais qualitativa no que se refere a material, mão-de-obra e acabamentos.

Arquitetura exige conhecimento técnico, bom senso, disciplina, muito trabalho e responsabilidade. No entanto, para se produzir uma arquitetura mais criativa, ousada e inovadora, adicione uma boa dose de insanidade, coragem, determinação, muito estudo e uma responsabilidade ainda mais exigente.

Criatividade é, por sua própria natureza, um tributo à **inovação**. Produzir algo novo é estar disposto a se envolver com o difícil exercício da experimentação. A responsabilidade é ainda maior, pois estaremos trabalhando com investimentos de terceiros. Não existe a possibilidade de erro. Um design inovador será sempre muito bem recebido, mas deverá vir sempre acompanhado das viabilidades técnicas e do estudo de custos.

"As invenções são, sobretudo, o resultado de um trabalho teimoso" - Santos Dumont

É no mercado corporativo que encontraremos os melhores espaços para que seja colocado em prática o limite máximo da nossa criatividade e competência executiva. Lojas, restaurantes, bares, escritórios, auditórios, cenários, estandes, eventos ou palco para shows exigem soluções surpreendentes. Para este mercado, a arquitetura funciona como um importante elemento de fortalecimento de marca. É o ambiente de trabalho onde a criatividade é entendida como um diferencial de negócio. Foi principalmente nesse segmento de mercado que a CICLO encontrou grandes e corajosos parceiros para realizar suas atividades.

O palco da **Eletrônica** que projetamos para a edição de 2008 do Rock in Rio Festival é um ótimo exemplo de ousadia, inovação e insanidade, também do cliente.

> Eu estava em Lisboa quando ficou definida a edição do festival para Madrid. Roberto disse que queria uma pista ELETRÔNICA diferente de tudo que havia sido realizado até então. Ele havia pensado em uma arena circular, ao ar livre, com torres de som e iluminação. Disse que não deveria ser apenas um poste. Tínhamos que buscar um design virtuoso, único e com a pegada da música eletrônica.
>
> No voo de volta para o Rio, confesso que não gastei nem 60 segundos para produzir um layout matador. Em segundos, desenhei um croqui simples e percebi que o projeto estava concluído. Defini uma forma circular para as torres já com o posicionamento de telão, projetor, iluminação, som, fumaça, bailarinos e DJ. Tinha certeza de que era um ótimo projeto e não tinha mais nada para fazer nas oito horas de voo até o Rio. Fiquei realmente ansioso para chegar ao escritório, produzir os projetos básicos, fechar as imagens e enviar o produto.

Em uma semana, concluímos a produção do material e enviamos por e-mail. Logo que Roberto chegou ao Rio, marcamos uma reunião:

-Meus sócios gostaram do projeto, mas não querem fazer. Acham que vai ser caro e não vai funcionar. Eu também gostei, mas quero fazer. Esse negócio vai funcionar? Porque, se não funcionar, eu vou me ferrar, mas você vai se ferrar também. Isso vai funcionar?

Sem titubear, respondi com firmeza:

-Certamente vai funcionar.

Ele alertou novamente:

-Sabe que, se isso não funcionar, o Rock acabou pra você. Tá claro?

-Super claro

Eu estava louco pra fazer aquilo. Não tinha tempo para pensar nos riscos.

- Vai funcionar?

- Vai.

- Então pode fazer.

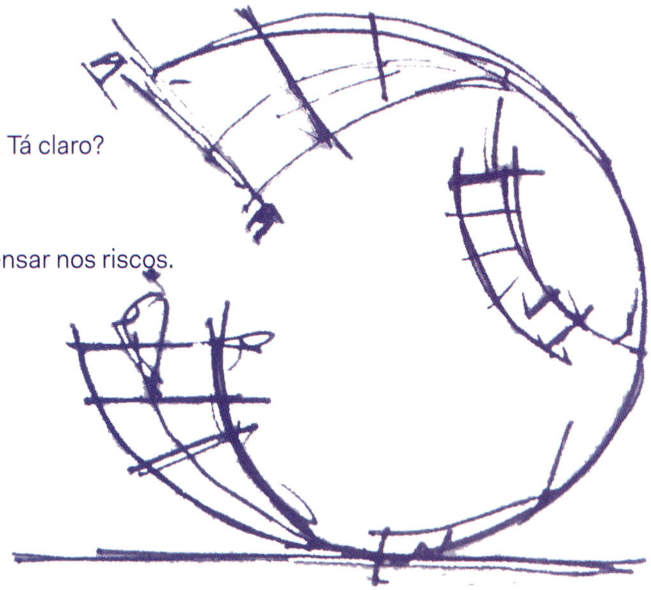

E saiu para uma reunião.
Essa nossa não durou cinco minutos.

Eu jamais poderia responder "talvez". Um sentimento de incerteza ali e o negócio não avançaria. Fui tão insano quanto o cliente. Em seguida passei um ano na cola do engenheiro e amigo Gonçalo Iglesias. Ele foi o cara que achou as soluções estruturais e construiu as seis torres. Mandou muito bem!

A espinha dorsal de cada torre era um tubo de aço calandrado com 40 centímetros de seção e tinha a forma de um enorme aro com dez metros de diâmetro. Cada estrutura pesava cinco toneladas e, para complicar, deveria ser facilmente desmontável.

Depois de Lisboa, teríamos 30 dias para desmontar, colocar nos contêineres, mandar para Madrid e montar novamente. Deu tudo certo e o palco rodou por Lisboa, Madrid e Rio de Janeiro.

As torres foram equipadas com plataforma para bailarino, estrutura para receber os equipamentos de iluminação, caixas de som, telão circular, projetor multimídia, aspersores de fumaça e foram dispostas na forma de uma arena circular. O arquiteto e parceiro Vitor Wanderley supervisionou todo o processo de fabricação e acompanhou de perto a primeira montagem de Lisboa e Madrid. As torres tinham a forma de um moderno gramofone gigante. Ficou espetacular e foi um destaque em quatro edições do festival.

"Pessoas não fracassam. Elas simplesmente desistem" - Henry Ford

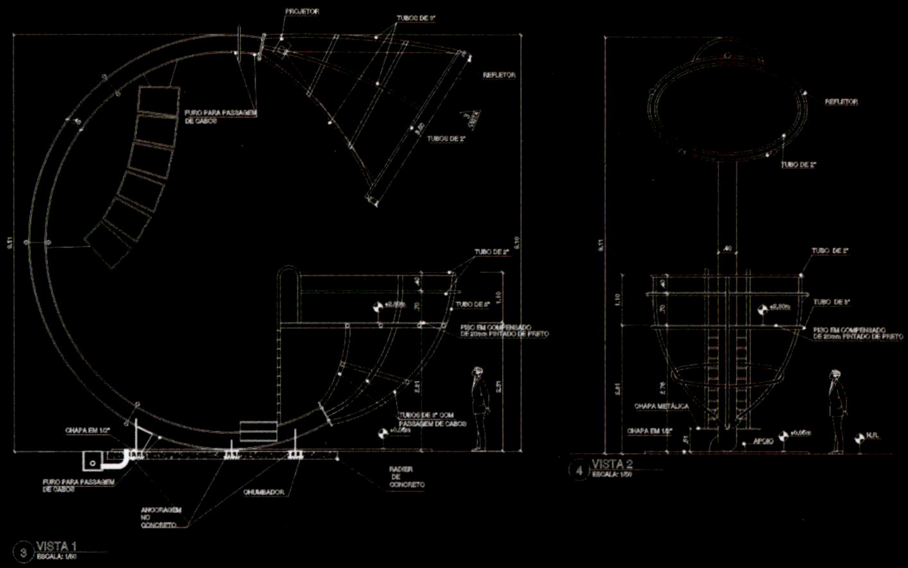

Eletrônica

Lisboa, Madrid e Rio de Janeiro

Rock in Rio

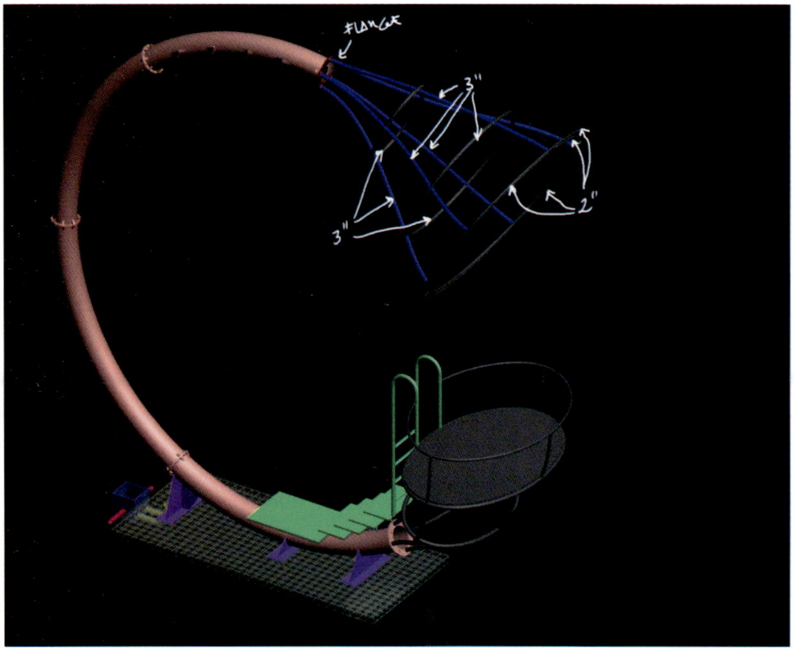

Estrutura pista eletrônica - 2008 (RJ)

Uma peça com um design extremamente inovador, arrojado, sem similar no mercado, com uma engenharia complexa, desmontável, um investimento considerável, fabricada no Brasil, transportada de navio para Lisboa e montada pela primeira vez no local do evento. Não tivemos tempo de concluir um protótipo completo. Um total de 30 toneladas de aço para formar uma pista eletrônica com a cara da cidade futurista dos Jetsons. Uma experiência de altíssimo risco e que deu calor nos ombros por longos meses antes da sua estreia.

Na CICLO já estamos acostumados a conviver com esse tipo de risco e de desafio em nossos projetos. A proposta de se criar algo realmente novo e inusitado é parte determinante do nosso DNA. Desenhar estruturas complexas e de difícil execução faz parte do nosso dia a dia. Tenho certeza de que esse misto de criatividade e eficiência na entrega tem sido um atributo que nos garantiu destaque e fidelização de nossos clientes.

É indiscutível que uma construção convencional terá orçamento menor na comparação com projetos mais ousados. Como a viabilidade de um projeto precisa estar associada às disponibilidades de recursos e investimentos, é importante saber propor algo inovador, mas ao mesmo tempo comprometido com a disponibilidade financeira para execução. Muita atenção para que o entusiasmo pela criatividade não ultrapasse a realidade econômica disponível para a obra. Você vai estar sempre trabalhando em um layout, mas ligado nos custos finais. Não adianta levar para o cliente um projeto espetacular e economicamente inviável. A mega decoração natalina para a Vodafone é outro bom exemplo de criatividade, risco e um resultado perfeito.

Essa foi uma concorrência que ganhamos em parceria com a Roberta Medina em Lisboa. A concepção e o layout eram até bem simples, mas a grande dimensão da peça, a definição dos materiais a serem empregados e o modus construtivo eram os gargalos de um projeto 100% original.

O edifício da Vodafone ficava na avenida principal e no coração do moderno Parque Expo. O premiado edifício era um dos destaques do local. Para a concorrência, apresentamos a proposta de erguer uma única escultura, com grandes proporções, posicionada no eixo do edifício e com uma concepção visual e artística que falasse a linguagem contemporânea do parque. E, claro, que fosse representativa de um símbolo natalino. No caso, uma bola de natal.

Criamos uma esfera com 15 metros de diâmetro com a imagem de um novelo de lã. A bola gigante seria formada por um emaranhado de tubos. Para garantir uma boa proporção, os tubos deveriam ter diâmetro de aproximadamente 15 centímetros e coloração branca para receber projeção de iluminação multicolorida. O conceito moderno do projeto, a originalidade da peça e as imagens funcionaram muito bem e ganhamos a concorrência.

O prazo era curto e precisávamos definir os detalhes construtivos para viabilizar a fabricação da peça. Quando produzimos as imagens não tivemos tempo para fazer os cálculos estruturais ou mesmo de pesquisar e fazer experiências com materiais.

Qual seria a melhor solução para a estrutura?

Quais os materiais?

Como definir cálculos de sustentação e resistência aos ventos?

Como fixar a esfera na laje do mezanino sem danificar o edifício?

Qual o material mais adequado para produzirmos o emaranhado de tubos?

Qual o sistema construtivo?

Como atender os prazos?

Onde fabricar em Lisboa?

Qual o custo final da montagem?

Não tivemos tempo para estudar os detalhes. Do dia do convite à entrega final da proposta foram apenas cinco dias para conceber, produzir as imagens, fazer um estudo preliminar e levantar orçamento. Era um projeto caro e para uma megacorporação internacional. Para completar, os prazos eram muito curtos para execução. No meio cênico é sempre assim.

Enquanto eram estudados os cálculos estruturais da peça, embarquei para Lisboa. Precisava encontrar os materiais e contratar a confecção das estruturas metálicas. Para garantir a forma esférica, projetamos uma estrutura com 10 meridianos verticais e cinco horizontais confeccionados em tubos com 4 polegadas de diâmetro. Depois de pesquisar dezenas de tubos flexíveis, optamos pelas mangueiras sanfonadas de alumínio utilizados na saída dos aquecedores de água caseiros. São muito leves, resistentes, baratos e já encontramos na cor branca.

Natal da Vodafone - 2004 (Lisboa)

Passei cinco dias correndo metalúrgicas, levantando orçamentos e finalmente fechei a fabricação das estruturas tubulares de sustentação. Descobrimos também uma fábrica de mangueiras sanfonadas que produzia as peças com o comprimento ideal para envolver a esfera. Voltei para o Rio e em 10 dias retornei para acompanhar a montagem.

Levamos cinco dias para montar a estrutura metálica da esfera e mais 10 dias para enrolar. Durante a montagem, percebemos que os tubos flexíveis eram muito leves e, para garantir um bom caimento das mangueiras, colocamos um vergalhão no interior de cada mangueira. Deu certo!

Na área cênica, é preciso estar preparado para esse tipo de contratempo. Por mais que se produzam detalhes e detalhes, na cenografia é preciso estar preparado para os imprevistos.

Era uma montagem praticamente artesanal, só que em grande escala. Pode parecer fácil, mas algumas pequenas questões foram resolvidas no local. Mesmo trabalhando com mangueiras longas, tivemos que fazer algumas uniões. Para garantir acabamento, durante a montagem criamos uma luva com a própria mangueira. Era necessário ainda direcionar o posicionamento de cada mangueira, o que me obrigou a permanecer ali durante todo o período de trabalho. Concluímos a montagem e instalamos os mini strobos e os projetores de iluminação RGB. A projeção de cor na estrutura funcionou muito bem e a enorme bola ficou maravilhosa! O melhor ainda é que, durante o dia, o design da esfera estava em sintonia com as edificações modernas do parque.

Foram dias seguidos de muito empenho e atenção, nos quais tivemos a serenidade necessária para superar todo e qualquer imprevisto para concluir nossa escultura. Mesmo passando por momentos de forte

Estrutura concluida na Vodafone - 2004 (Lisboa)

apreensão, foi uma experiência espetacular.

Quando inventar algo e for levar para o mercado, saiba que terá o compromisso de atender prazos, respeitar orçamentos e executar o produto com máxima qualidade e segurança. Para facilitar, procure trabalhar com profissionais competentes, dedicados, comprometidos com a entrega e que saibam trabalhar em equipe.

Para a construção de um Centro de Treinamento, nos Estúdios Globo (antigo Projac), optamos pela utilização de contêineres, sem nunca termos realizado uma experiência similar. O espaço foi muito bem recebido e garantiu vários novos contratos com o cliente. Amém!!

Outra aposta arriscada foi a proposta de envolver o edifício do Banco do Brasil em São Paulo com mangueiras de LED para uma decoração natalina.

> Um edifício com 90 metros de altura e 50 de largura, totalmente forrado com vidro, sem qualquer elemento para fixação de estruturas e localizado na esquina da Avenida Paulista com a Augusta, um dos pontos mais movimentados de São Paulo. Para montarmos a malha de cabos de aço e mangueiras de luz, trabalhamos com 15 alpinistas pendurados nas alturas durante dez dias. Por segurança, tivemos de montar uma marquise cobrindo toda a calçada e manter ainda uma ambulância e uma unidade do Corpo de Bombeiros na esquina durante toda a montagem. Foi outra invenção sem precedente e mais um resultado espetacular.

Quando você criar um projeto inovador, esteja preparado para pesquisar materiais, buscar soluções construtivas, produzir protótipos, consultar técnicos e ser extremamente rigoroso na escolha das melhores soluções para viabilizar a construção do projeto. Se vai inventar algo, que o faça com responsabilidade.

Buscar os méritos e os prazeres da **inovação** é sinônimo de trabalho dobrado e de risco iminente. Mais do que arquiteto, você vai precisar ser um pouco **cientista**. Um exemplo é o arquiteto **Sérgio Bernardes**. Tive o prazer, a sorte e a oportunidade de conviver com ele por muitos anos. Ainda garoto, minha prancha ficava no escritório do Sérgio, na frente da praia da Barra da Tijuca. Passava meus fins de semana no escritório e acompanhei de perto o trabalho do Sérgio. Conheci e convivi com um cara genial, de uma inteligência surpreendente e extremamente criativo. Até hoje, considero o Sérgio o arquiteto brasileiro mais completo de que tenho conhecimento.

O design de suas obras e a inovação em seus projetos eram sempre acompanhados de uma contextualização social, urbana, ambiental, filosófica e econômica defendida com maestria e convicção.

Era um cara que estava muito além da sua época. Viveu num país que não teve capacidade de entender e absorver o seu potencial. Nos dias de hoje, ele daria show em espaços como Nova York, Dubai e na cada vez mais ousada China. Era um cara que estava anos luz à frente do seu tempo. Em todos os seus projetos, fazia uma associação moderna entre função, arte, meio ambiente, design, sociedade, política, economia, negócios, pesquisas, teorias e suas relações com o ser humano, o planeta e a ciência. Não era apenas um arquiteto, era um cientista da sociedade moderna. Os projetos urbanísticos que Sérgio desenhou para o Rio de Janeiro, e um especial para o município de Arraial do Cabo, são emblemáticos.

Inovar é uma tarefa para poucos. Uma atividade para profissionais criativos, loucos, corajosos e, ao mesmo tempo, extremamente responsáveis. Sempre pensei na arquitetura como uma oportunidade para realizar experimentações. Recebo uma encomenda e fico pensando em como aquela peça poderá funcionar em toda sua plenitude arquitetônica e, ao mesmo tempo, ser uma bela e arrojada escultura dos tempos modernos. Gosto de um bom desafio e me dá o maior prazer concluir uma entrega diferenciada. Tenho certeza de que o mercado que compra a marca CICLO tem foco nesse objetivo.

Natal Banco do Brasil - 2007 (SP)

A ArtPlan Comunicação nos convidou para participar de uma concorrência para uma campanha publicitária dos postos BR. Desenvolvemos o projeto de quatro postos temáticos, sendo um deles com uma proposta mais futurista. A campanha não avançou, mas foi um prazer desenvolver esse projeto. Já temos um posto de gasolina para colocar no mercado.

ESTI-
LO

08

“Não crie limites para si mesmo. Você deve ir tão longe quanto sua mente permitir”

Mary Kay Ash - Empresária norte-americana
fundadora da Mary Kay

08

Na natureza não existe linha reta.
Muito menos uma forma repetida.
A natureza é múltipla e original.
Não se acomoda e vive uma invejável dinâmica criativa.
Isso se chama **inspiração**.

A **inspiração** é um resultado de uma iniciativa curiosa, original, dinâmica e, consequentemente, criativa.
É o que todo cliente espera do nosso trabalho.
Por isso, cuidado com a armadilha de se prender a um único **estilo**.

Com a oportunidade que temos de **inovar**, não faz sentido se limitar a uma repetição de fórmulas. A comodidade não é a atitude de quem quer vivenciar o processo criativo.

Na concepção de um novo projeto, o entorno, o espaço físico, o cliente, o público-alvo, a função, o clima, o vento, o sol e a cultura local são fontes riquíssimas de apropriação de conteúdo.

Mesmo o projeto de uma filial de marca já estabelecida não deve ficar preso a fórmulas eternas. É preciso mostrar ao cliente sua capacidade de superação e de inovação. Surpreenda o mercado com um incansável processo de eficiência e criatividade.

> Quando projetei o primeiro restaurante da rede mexicana Guapo Loco, imaginei uma casa que fundisse a cultura mexicana com a descontração do povo carioca. No segundo projeto, me inspirei no termo "LOCO" da marca e apresentei a proposta de levantar as fachadas com torres inclinadas. A ideia foi aprovada e repetida nas filiais seguintes. Na quinta filial da marca, projetei no teto um salão inteiro de cabeça para baixo. Seguimos com o objetivo de que cada nova filial deveria apresentar alguma novidade de forte impacto visual.

Tem ainda a questão da crença em "**tendências"**. Muito cuidado com essa bengala. Ficar repetindo **tendências** pode cegá-lo e direcionar seu projeto para um perfil que não necessariamente seja a preferência do seu cliente. Seguir uma tendência pode também, e de forma inconsciente, atuar como um inibidor do seu espírito criativo e de experimentação.

Tendências é uma estratégia para fomentar a comercialização de produtos que a indústria precisa colocar nas prateleiras. Nada contra, apenas não me ligo em tendências. Mesmo estando atualizado com as novidades da arquitetura mundial, não me apego a modismos. Que eu me lembre, nunca gostei de seguir a moda do momento. Também nunca sei qual a tendência em curso.

Em arquitetura, ou em qualquer atividade artística, o conceito de **desapego estético** deveria ser encarado como palavra de ordem. Criatividade deve ser um sinônimo de **inovação** e não de **repetição**. Cada novo projeto, além de estar cercado de uma diversificada riqueza de conteúdo, é uma oportunidade de experimentação imperdível.

Produzir **boa arquitetura** demanda tempo, dedicação, pesquisa, estudo, prática, vontade e coragem. **Inovar** não é trabalho para acomodados. Mas atenção, para desenvolver um produto ainda não experimentado será exigido ainda mais empenho e atenção nos estudos técnicos, na viabilidade econômica, na definição de materiais, na manufatura de peças especiais e em mais uma série de questões.

Na intenção de buscar um resultado inovador e surpreendente, você certamente será obrigado a realizar experiências. Muitas vezes, a proposta poderá não responder bem às expectativas técnicas, funcionais ou mesmo econômicas e inviabilizar o projeto. Se a falha de concepção for detectada após o início das obras, poderá ser ainda mais complicada a situação. Será sempre um risco. Mas, independentemente dessa questão, procure fazer da inovação um de seus **estilos** de trabalho. Transforme o risco em um dos prazeres da sua atividade. Sempre com atenção redobrada, mas sem perder o princípio, a coragem e a vontade.

A primeira coisa é entender o que o cliente quer. Em seguida, detalhe o programa, as funções a serem atendidas e conheça o público-alvo a que se destina o novo espaço. Mesmo uma pequena família já é um respeitável público-alvo. Em um novo projeto, nunca chego com um **estilo** pré-estabelecido. Atualmente, quando me pedem para desenhar uma casa, fico pensando em todas as possibilidades que não sejam as construções retilíneas e em formas retangulares tão repetidas nos dias de hoje. Mas, se for o desejo do cliente uma casa com formas retangulares, vou trabalhar com o mesmo empenho para entregar um produto que atenda aos anseios do nosso **contratante**.

Queria colocar que sou um admirador dos caras que produziram a arquitetura **modernista**. Com relação às atuais "casas contemporâneas", elas seguem plenamente os conceitos técnicos, formais e estéticos inventados pelos arquitetos dos anos 1950 e 1960, e que resolveram chamar hoje de **casa contemporânea**. Eu as considero **modernistas** com aplicação de acabamentos atuais.

Mas, independentemente de **estilo**, e vale a pena repetir, nunca devemos perder o foco de que toda arquitetura tem uma função, um objetivo, um público-alvo, um cliente e estará inserida em um meio e em uma sociedade diversa. Fazemos parte de um produto e de um **negócio** que precisa ficar de pé, ter durabilidade, funcionar como deve e com máxima eficiência.

A casa da família Mussi, na praia de Geribá, em Búzios, é uma mistura dos estilos mexicano, grego, brasileiro e balinês muito bem adequados ao clima de Búzios. O pergolado em forma de DNA, as pias cavadas em rocha, a piscina em forma de concha, o teto com travessas irregulares de bambu, as dezenas de cores, os objetos artesanais, a iluminação e o paisagismo formam um conjunto de ideias originais e uma experiência que funcionou. Arrisco dizer que não existe similar em Búzios. Foi um ambiente onde tivemos uma oportunidade ímpar de provar arquitetura e design em cada pequeno detalhe. O resultado foi estampado em capas de revistas, jornais e em mais uma dezena de publicações. Uma experiência realmente gratificante. Foi um trabalho que exigiu muita dedicação e no qual empenhamos muito carinho para chegar ao resultado final. Valeu a pena cada dia trabalhado em parceria com o amigo e arquiteto Antônio Amaral.

Vale destacar que, mesmo como designers, devemos dedicar uma atenção criteriosa no atendimento às questões funcionais, técnicas e operacionais. São atribuições básicas da nossa função. Mesmo não tratando de fundamentos artísticos, essas atribuições carregam um universo de possibilidades extremamente criativas e de fundamental importância para o projeto. Buscar inovação na funcionalidade de um espaço não deixa de ser um estilo a ser experimentado e apreendido. Todo cliente, principalmente em espaços corporativos, estará sempre muito atento às soluções formatadas para o bom uso e aproveitamento dos espaços.

Pela criatividade e em respeito à inteligência, somos nós quem devemos confundir os processos de padronização.

Uma receita:

INOVAÇÃO – É fundamental ser um profissional IRRESPONSÁVEL

CRIATIVIDADE – Estará sempre amparada por uma boa dose de ANARQUIA

TÉCNICA – Contar com parceiros exigentes e que garantam eficiência EXECUTIVA

CORAGEM - Para assumir os RISCOS

RESPONSABILIDADE – ATENÇÂO REDOBRADA, arquitetura custa muito CARO

Casa Geribá - 2005 (Búzios - RJ)

Casa Geribá - 2005 (Búzios - RJ)

Estudo casa Barra da Tijuca - 2015 (RJ)

Estudo casa Barra da Tijuca - 2015 (RJ)

Casa no Vale das Videiras - 2007 (RJ)

TÉC-
NICA

09

“A arte é uma emoção suplementar que é somada a uma técnica hábil”

Charles Chaplin

09

Não vivemos apenas da **arte.**
O arquiteto é também um **técnico**.

Em qualquer profissão existe o **"chato do negócio"**, e a arquitetura está bem longe de ser uma exceção. Todo projeto estará acompanhado de centenas e centenas de questões **técnicas**. Independentemente de serem atribuições **complicadas**, **trabalhosas** e muito **chatas**, será preciso muita atenção e responsabilidade para resolver, sem exceção, cada pequeno detalhe.

Não é função do arquiteto produzir os cálculos estruturais de uma edificação e, muito menos, o detalhamento executivo de projetos complementares de instalações elétricas, hidráulicas, especiais, refrigeração, entre outros. O arquiteto também não tem a função de projetar sistemas de refrigeração mecânica ou assinar projetos de incêndio, automação, saneamento, topografia ou de uma série de outras competências. São atribuições para profissionais especializados.

Ao mesmo tempo, o arquiteto não pode fugir à responsabilidade de aprimorar o conhecimento funcional destas especificidades. O importante é estar interessado em conhecer os materiais, os sistemas e as funções básicas destas atribuições. Para ganhar credibilidade e respeito junto às equipes de projetos complementares e de obras, é preciso se preparar para participar de debates sobre questões estruturais, funcionais e operacionais de uma edificação. É uma matéria que, já na etapa de estudos preliminares, você deverá estudar e prever espaços para acomodação das estruturas civis e de um enorme e variado o conjunto de sistemas técnicos (equipamentos, shafts, dutos de refrigeração, sistema de águas, entre outros).

Quando você estiver em uma reunião de obras com engenheiros e especialistas, procure dedicar máxima atenção aos debates técnicos. Será uma aula única e um aprendizado fundamental para sua formação. E, repito, o conhecimento garantirá credibilidade junto à equipe. Não seja um arquiteto que sabe apenas comentar sobre questões estéticas. Seu entendimento do organismo de uma edificação será reconhecido e valorizado.

É preciso perceber, e com a máxima responsabilidade, que em qualquer projeto o arquiteto tem a função de **supervisor geral**. Ele é sempre o primeiro a ser contratado pelo cliente. É o primeiro a definir e conhecer, em detalhes, o conjunto da obra. O arquiteto é quem vai conceber e definir os ambientes, as circulações e a função de cada espaço. Terá também a função de definir e ajustar o posicionamento das estruturas (vigas e pilares) e dos equipamentos de uma edificação. Após o andamento de boa parte destes trabalhos, começaremos a convidar os especialistas em cálculos estruturais, instalações, refrigeração e dados, entre outra dezena de serviços. Por ser idealizador e conhecedor profundo do conjunto de detalhes do projeto, o arquiteto se torna uma peça-chave em todo o processo. Por isso, também, o arquiteto não pode se excluir dos debates técnicos e precisa ter conhecimento geral dos meios, das funções e das demandas de uma edificação. Gostando ou não, você precisa estar disposto a se dedicar a essa matéria de importância vital para o levantamento de uma edificação.

Um projetista de refrigeração mecânica não vai ter tempo ou mesmo condições de conhecer os detalhes, os acabamentos e os revestimentos de um projeto. Desta forma, ele poderá apresentar soluções de dutagem que venham a conflitar com a imagem do projeto. A responsabilidade de conferir os projetos técnicos e de compatibilizá-los será uma atribuição da equipe de arquitetura. Se, durante a execução das obras, a passagem de um duto interferir ou impactar com outra estrutura, a responsabilidade, na minha opinião, é do arquiteto. Nesses casos, melhor assumir a falha, revisar os detalhes e bola para frente. Ficar procurando um culpado só irá desmerecer sua conduta como profissional.

"É costume de um tolo, quando erra, queixar-se dos outros. É costume de um sábio queixar-se de si mesmo". - Sócrates (470-399 a.C)

É indicado que os estudos preliminares já venham da arquitetura com uma definição prévia do posicionamento de pontos (tomadas, interruptores, pontos de iluminação, dados, quadros de força, entre outros), com uma previsão para posicionamento de máquinas (ar-condicionado, caixas d'água, casa de máquinas, equipamentos de piscina, ralos, drenos e shafts de alimentação) e mais algumas dezenas de informações necessárias ao bom funcionamento de uma edificação. Será ainda responsabilidade da arquitetura indicar, em planta, os melhores caminhos para passagem dos meios físicos (dutos, calhas e conduletes) e de definir ainda os espaços necessários para a instalação dos equipamentos de ligação com a infraestrutura da rua.

Ainda não falamos em vigas, pilares e fundações. O arquiteto não precisa ser o calculista para definir as dimensões das estruturas, mas precisa ter sensibilidade técnica para poder, ainda nos seus estudos preliminares, prever soluções estruturais que sejam viáveis para a criação de vãos, posicionamento de pilares e passagem de vigas. Uma previsão equivocada pode impactar muito no projeto e nos custos.

Como conhecedor dos detalhes técnicos, funcionais e estéticos do projeto, o arquiteto deverá participar dos debates, levantar com os engenheiros as demandas técnicas e criar soluções que garantam simultaneamente padrão estético, funcionalidade, eficiência e qualidade nos acabamentos.

Um arquiteto atento e bem informado pode solucionar questões estruturais:

No projeto de uma casa na Barra da Tijuca, desenhei um pilar metálico em forma de "V", que teria a função de sustentar uma grande viga de concreto. A engenharia de cálculos estruturais condenou a proposta.

Na análise do engenheiro estrutural, os pilares de ferro em forma de "V", por estarem inclinados, não teriam condições estruturais de criar amarrações seguras de fixação à viga superior projetada em concreto aparente. A proposta do engenheiro seria fazer o pilar em "V" também em concreto armado. Não fiquei satisfeito em ter de substituir uma estrutura esbelta de ferro por uma seção volumosa de concreto. Levei para casa o dever de encontrar uma solução para a questão.

Na reunião seguinte, apresentei a proposta de interligarmos as extremidades superiores dos pilares de ferro com uma viga horizontal, também confeccionada em ferro. Desta forma, criaríamos um pilar único em forma de triângulo e a viga de concreto seria APOIADA sobre a base invertida do triângulo. O experiente engenheiro reconheceu imediatamente a eficiência da solução apresentada e seguiu com os cálculos segundo a proposta que apresentei.

O resultado final contou com a disposição e a motivação do arquiteto que, interessado em defender a vocação estética do projeto, dedicou tempo e disposição para estudar e buscar uma nova solução. Por isso, um relacionamento positivo entre arquitetos, técnicos e engenheiros é fundamental para a condução produtiva de uma obra.

Para quem não gosta, a área técnica é **chata pra cacete!**

Se não quiser se adaptar a essa demanda e a essa responsabilidade é melhor escolher outra profissão – ou contratar alguém que assuma esse trabalho.

Depois da conclusão dos projetos executivos, será a vez da realização das obras civis. Guarde bem a máxima de que: **projeto nunca acaba**. Toda obra é acompanhada por um grupo diverso de projetistas, construtores, técnicos, especialistas, órgãos públicos, fiscais, despachantes, encarregados, cliente, o amigo do cliente, o parente do cliente e mais um monte de gente. Todos estarão prontos, dispostos ou contratados para levantar questões, debater soluções, analisar novas ideias e, consequentemente, exigir revisões de projetos. Em tempos digitais, apesar de ser sempre muito trabalhosa, a produção e revisão de plantas técnicas ganhou muito em **eficiência e agilidade**. O que fez aumentar em muito nosso trabalho. Hoje em dia, tudo pode ser revisado com agilidade. Aí a demanda aumenta consideravelmente.

É importante ter consciência que, reestudar layout de projeto, já em fases avançadas do executivo vai

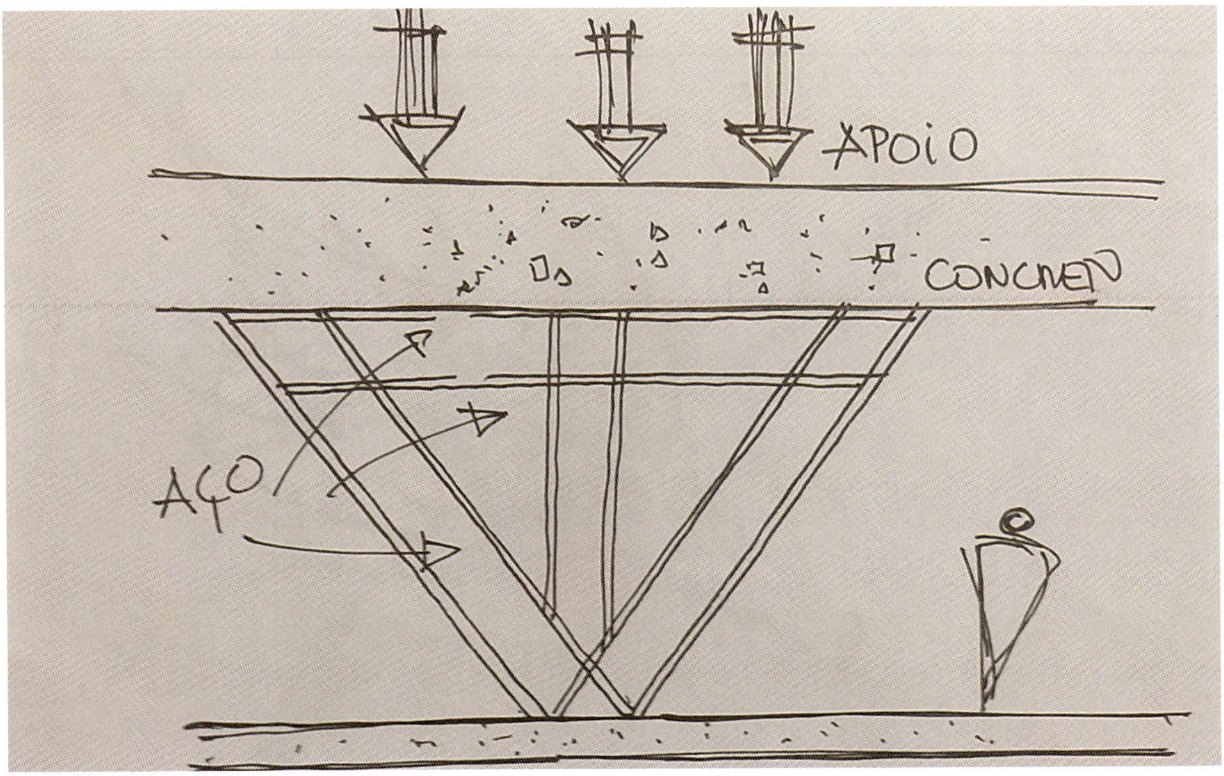

Croqui estrutural Casa Barra - 1996 (RJ)

gerar impacto em um grande volume de desenhos já detalhados. É insuportável, mas **faz parte** do trabalho. Em alguns casos, será motivo inclusive de cobrança de valores complementares para refazimento dos projetos.

Em reuniões de trabalho, é preciso dedicar atenção redobrada às colocações dos colegas, ter profissionalismo para acolher uma boa ideia e muita paciência para realizar as alterações de projetos. Muitas vezes, os prazos são curtos, o dinheiro é curto, as definições são demoradas e o povo envolvido é o mais variado possível. **Um porre!** Pode ter certeza de que tem muita coisa chata pelo caminho. Mas é o custo que temos de pagar para levantarmos os nossos **castelinhos**.

Se você procura na arquitetura **"a expressão pura da arte",** talvez este não seja o endereço certo. Além da inteligência, da sensibilidade e da criatividade, que são inerentes a qualquer atividade produtiva, você precisará ter muita disposição para enfrentar os desafios e os caroços do ofício. Sem conhecimento técnico e sem paciência, você ficará limitado e não irá muito longe. Sem gozar de credibilidade no mercado, vai ser difícil ganhar respeito e, consequentemente, evoluir como profissional.

Fazer estágio em escritórios de arquitetura vai ajudar muito. Só tome cuidado para não ficar acomodado em uma sala encarando uma tela de computador por longos períodos. Fale com seu chefe e veja se consegue participar de atividades externas. Procure participar de obras e aproveite para ouvir e conversar com técnicos, engenheiros, encarregados e operários. Todos poderão passar alguma boa informação.

Na arquitetura, assim como em qualquer profissão, **paciência** deve ser um **mantra.**

Casa Barra - 1996 (RJ)

O projeto da torre da Tirolesa foi um sonho que, desde a definição de seu layout, levou quase seis anos para ser concretizado. Precisávamos de um patrocinador disposto a investir nessa estrutura. A Corona em Las Vegas e a Heineken no Rio de Janeiro viabilizaram essa estrutura. A torre é 100% construída com perfis metálicos e 100% desmontável por sistemas de parafusos. Entregamos apenas o estudo e o design volumétrico. Coube a Tektor, dos amigos Gonçalo e Maurício Iglesias, o detalhamento executivo e a construção da peça.

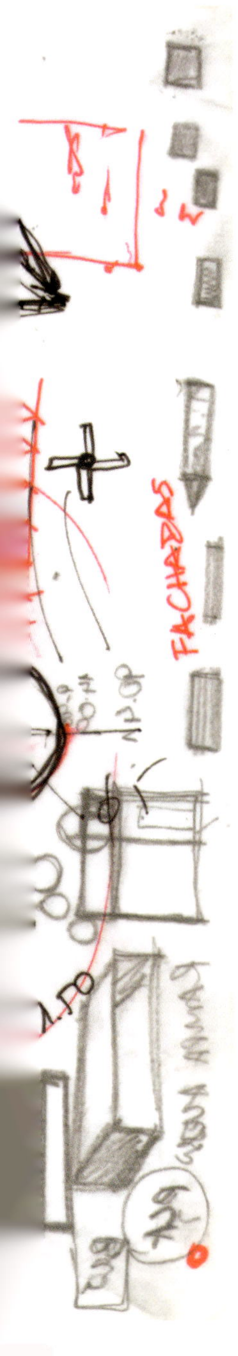

Tirolesa Rock in Rio - 2015 (Las Vegas-EUA)

QUALI-
DADE

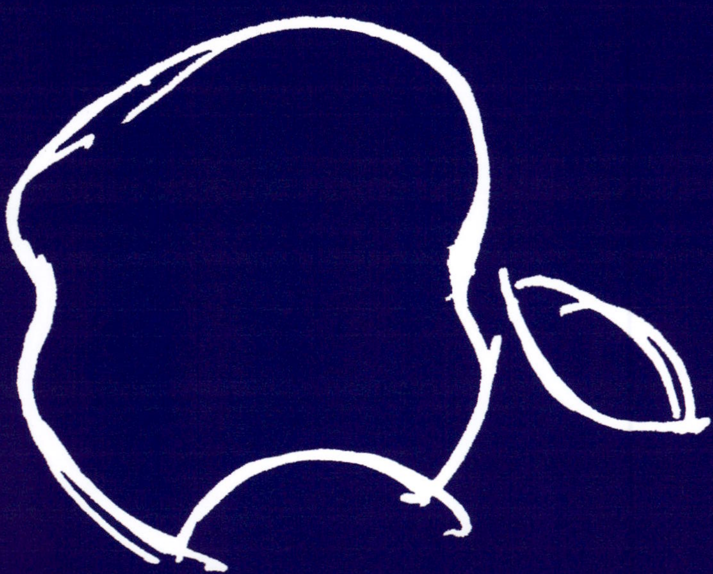

10

“O design não diz respeito apenas à aparência superficial de um produto. Precisa refletir sua essência. Design é a alma fundamental de uma criação do homem, que acaba se expressando em sucessivas camadas exteriores. Design é a parte integrante do que nos tornaria grandes”

Steve Jobs - Criador da Apple

10

Qualidade
Postura
Atitude
Determinação
Empenho
E cobrança
Cobrança... cobrança... cobrança
Todos estes princípios, juntos, e em alto nível de exigência.

Qualidade é uma atribuição profissional que não se define em um contrato:
"O produto deverá ser entregue com garantias de qualidade..."

O que é qualidade?
Para quem?
Como quantificar?
Quem vai julgar?
Quais os parâmetros?

Pode parecer uma obviedade, mas não é.
Qualidade é subjetivo, pessoal e nada mensurável.
Tratasse de um **princípio** ou talvez de uma **obstinação**.
Quem quer qualidade não se acomoda, não desiste e trabalha muito.

Não confundir **qualidade** com **acabamento**. A pauta aqui trata de um princípio global e não de uma atribuição específica de execução. **Qualidade** é um princípio abrangente e focado no aperfeiçoamento permanente de cada etapa de trabalho.

Qualidade é um diferencial que poderá definir seu posicionamento no mercado. Como foi dito, e vale repetir, é um comportamento obstinado na busca pelo êxito em cada pequeno detalhe. Padrão de qualidade é um reconhecimento e um crédito que se conquista somente após entregas consecutivas de um trabalho de excelência inquestionável.

Garantir qualidade é uma **performance** que exige um olhar detalhista e um empenho incansável na busca pela excelência. Sem esse esforço, dificilmente você terá uma cadeira cativa entre os melhores.

QUALIDADE

É o que vai definir o seu status no mercado.
É o que diferencia você da massa.
É o que você oferece além do previsível.
É o seu diferencial perante o mercado.
É uma busca incansável por excelência.
É para quem gosta de desafios.
É para os sedentos por superação.
É para os incansáveis.
É o que separa o Olimpo do Mundo Abissal.
É para quem gosta de trabalhar.

Será preciso estar com os canais abertos para observar, criticar, ser criticado e, com isso, saber aprimorar permanentemente a qualidade do seu produto.

E na arquitetura?

O PROJETO

Quando um cliente contrata um arquiteto, espera receber um projeto criativo e extremamente funcional. Com a facilidade da produção de imagens virtuais no software 3D, é possível visualizar um projeto com precisão de detalhes. Esse é hoje um instrumento imprescindível não somente para a apresentação de um projeto, mas principalmente para esculpi-lo nos seus mínimos detalhes. Antigamente, não tínhamos essa nobre ferramenta. Saiba aproveitá-la.

A OBRA

Na obra, o padrão de qualidade será revelado nas fases finais da construção. Pode ter certeza de que será nos pequenos acabamentos que a obra terá seu status de qualificação. É quando uma construtora poderá mostrar seu verdadeiro valor e seu diferencial de entrega. Sem dúvida nenhuma, o resultado dependerá de um acompanhamento **diário**, próximo e muito exigente na supervisão de todas as suas etapas. E atenção: quanto mais bem-acabada for uma obra, mais as pequenas imperfeições vão aparecer. Não se canse. O jogo somente estará ganho após o apito final.

A ENTREGA

Não esmoreça na reta final nem vire a cara para um pequeno arremate de pintura. Nas fases de conclusão de uma obra, coloque lente de aumento e observe os mínimos detalhes. Com o final da obra se aproximando, construtores e operários correrão desesperadamente para cumprir metas e entregar as chaves. O proprietário também estará ansioso para se livrar da poeira e cair dentro. Procure apoiar os construtores com as informações e as demandas necessárias, mas saiba também que é hora de ganhar o jogo. É um momento em que você deve agir com muita sensibilidade, mas não poderá ser piedoso com a preguiça ou com a falta de qualidade. Tudo ficará mais fácil se você conquistar a confiança e estabelecer, desde o primeiro dia no canteiro, um bom e produtivo relacionamento de trabalho com os profissionais da obra. Seja um bom parceiro e eles serão seus aliados. Mas não abra mão da qualidade. Sua função é agir com um olhar ainda mais exigente que o do cliente.

O CLIENTE

Em hipótese alguma menospreze os comentários e o olhar atento do seu cliente. É o pior dos erros achar que ele não está observando com atenção os pequenos detalhes. Está sim e muito ligado. O cliente pode não perceber questões de estrutura, ferragens, tubulações, mas pode ter certeza de que ele terá olhos para os acabamentos. É a hora em que ele entra com o dedo e aponta falhas. Mesmo que a obra não seja uma atribuição sua, você é o principal responsável pela entrega. Por se tratar sempre de altos investimentos, pode ter certeza de que o cliente estará muito atento ao resultado. Surpreenda-o, demonstrando que você está ainda mais atento que ele. Indique possíveis ajustes ou correções antes mesmo dele comentar com você. Na fase final das obras, esteja presente, disposto e ainda mais estimulado. Seja um parceiro criterioso e determinado.

A CONTINUIDADE

Para concluir um trabalho com rigor de qualidade você deverá, mesmo depois da entrega da obra, continuar acompanhando o cliente. Uma obra não acaba na entrega das chaves. Sempre ficará faltando alguma coisa. Mantenha contato e demonstre seu interesse por mais um, dois ou três meses. Isso gera pontos muito importantes, garante um fechamento digno, profissional e a certeza de fidelização. Todo mundo quer encontrar profissionais e parceiros eficientes e confiáveis.

A APRESENTAÇÃO

Faça das apresentações das etapas do projeto um evento especial. Surpreenda o cliente com uma **apresentação visual espetacular**. Estudos preliminares, layouts, detalhes e a formatação das pranchas devem ser tratados como peças artísticas fundamentais para a sedução, visualização e entendimento da obra. Os clientes ficam alucinados com pranchas coloridas, belas perspectivas e utilização de recursos ilustrativos. Uma bonita apresentação é mais um elemento que imprime qualidade ao seu serviço e certamente será reconhecido por todos os envolvidos.

A PACIÊNCIA

Fui convidado para o projeto de uma casa. Apresentei o valor e o cliente comentou:

-Muito caro!

-É o meu menor preço – afirmei.

-Mas é só um projetinho pequeno!

É chato quando usam o **diminutivo** para qualificar o seu trabalho. Respire fundo e tenha muita calma nessa hora. Manter a diplomacia é sempre mais indicado.

Com tranquilidade e bom humor, completei, mais ou menos assim:

-É pequeno, mas... vou precisar conhecer você, sua família, entender o que você quer, o que sua mulher deseja e o que seu filho gosta. Vamos passar a nos encontrar com frequência, conversar, visitar o local da obra, levantar o espaço e a legislação do local. Depois, vamos conceituar o projeto, conceber um belo layout, criar detalhes, desenhar, apresentar, ouvir seus comentários, os da sua família e talvez os de seus amigos também. Se tudo caminhar bem, vamos produzir estudos preliminares, formatar plantas técnicas, detalhar, explicar, consultar especialistas, tirar dúvidas, definir materiais, apresentar equipamentos, selecionar louças e metais, licenciar, iluminar, definir circuitos, pontos de força, luminárias, mobiliário, definir os revestimentos, produzir um monte de desenhos e plantas, contar sempre com a sua aprovação e tudo deverá funcionar com perfeição. Como pode ver, parece pouco, mas não é.

Esse foi um caso único. Na primeira colocação do cidadão, percebi que era melhor encerrar por ali mesmo. Claro que fui simpático, atencioso e educado. Ele entendeu que eu não iria reduzir o valor e não seguimos com o trabalho. Eu não queria conviver com aquele cara nem mais um dia. Mas respondi de forma correta e convincente e, em nenhum momento, fui indelicado.

Agora, tem uma atitude que considero de extrema importância: depois de fechado o valor de um contrato, **vá até o fim**. Independentemente do valor tratado, trabalhe sempre com a dedicação de estar realizando um trabalho único e de extrema importância. Você não pode colocar no mercado um produto de qualidade duvidosa. Mesmo que os recursos sejam reduzidos, crie uma solução brilhante com o investimento disponível e procure garantir qualidade em todas as etapas do processo de obras.

A agência de comunicação **ARTPLAN**, presidida por Rodolfo Medina e Lionel Chulan, estava em um acelerado crescimento e nos chamou para o projeto das áreas de convivência de sua nova sede. Para o espaço de 400m^2, eles queriam, para além de **ousadia**, **criatividade** e **qualidade**, criar um espaço **único** e **exclusivo**. Queriam uma experiência multimídia. Rodolfo, como sempre, foi bem objetivo:

- O cliente precisa chegar na recepção, ser atendido, entrar na agência e ficar IMPACTADO com o que somos.

O destaque ficou para um enorme prisma de vidro em forma de cilindro retangular onde acomodamos o hall de acesso, a recepcionista, a sala de espera, o bar e um espaço expositivo. Uma enorme peça de vidro com iluminação RGB em sua extensão teria o objetivo de receber o cliente com as cores da marca do convidado. Para completar o receptivo, a marca do cliente poderia ser aplicada em adesivo jateado na parede de vidro da recepção. Ou seja, criamos ainda um forte elemento de comunicação e de marketing corporativo.

O bar, todo em vidro, recebeu um jogo de espelhos no teto e no piso, que imprimiu uma imagem infinita e curiosa. Todos ficavam rodando em volta do bar olhando para cima e para baixo observando os efeitos do vidro, do espelho e da luz. Outro elemento foi o desenho de uma mesa em aço com 4.50m de com primento e um único pé de apoio na extremidade, que desafiava as leis da gravidade. Desenhamos uma luminária em forma de relógio sobre a mesa, com os ponteiros girando em movimento contínuo, e em sentidos opostos. O conjunto destacava a marca de ousadia da agência onde "o tempo não para".

Ainda criamos e produzimos um mobiliário exclusivo para a recepção com os elementos tradicionais do desenho como lápis, borracha e apontador. Poesia e cultura caem bem para qualquer corporação.

Para fechar o capítulo, presto minha homenagem e admiração por Steve Jobs que, com sua Apple, é, na minha opinião, o melhor exemplo de **qualidade**. Todos deveriam ler o livro "Steve Jobs", de Walter Isaacson.

Espaço de convivência ARTPLAN - 2015 (RJ)

Espaço de convivência ARTPLAN - 2015 (RJ)

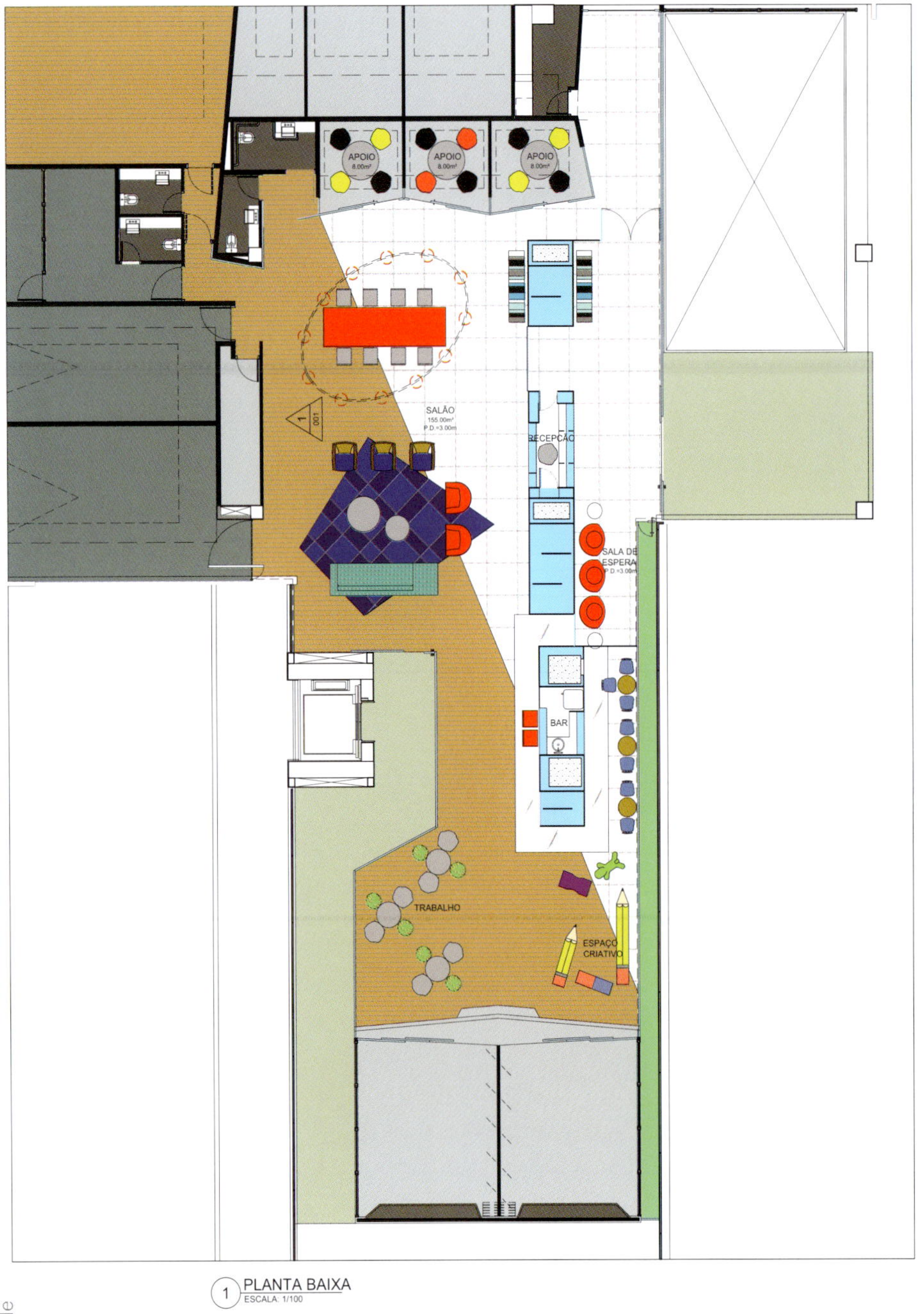

Espaço de convivência ARTPLAN - 2015 (RJ)

ACABA-
MENTO

11

“Ideias são commodity. Execução não é”

Michael Dell-Funfdador da Dell

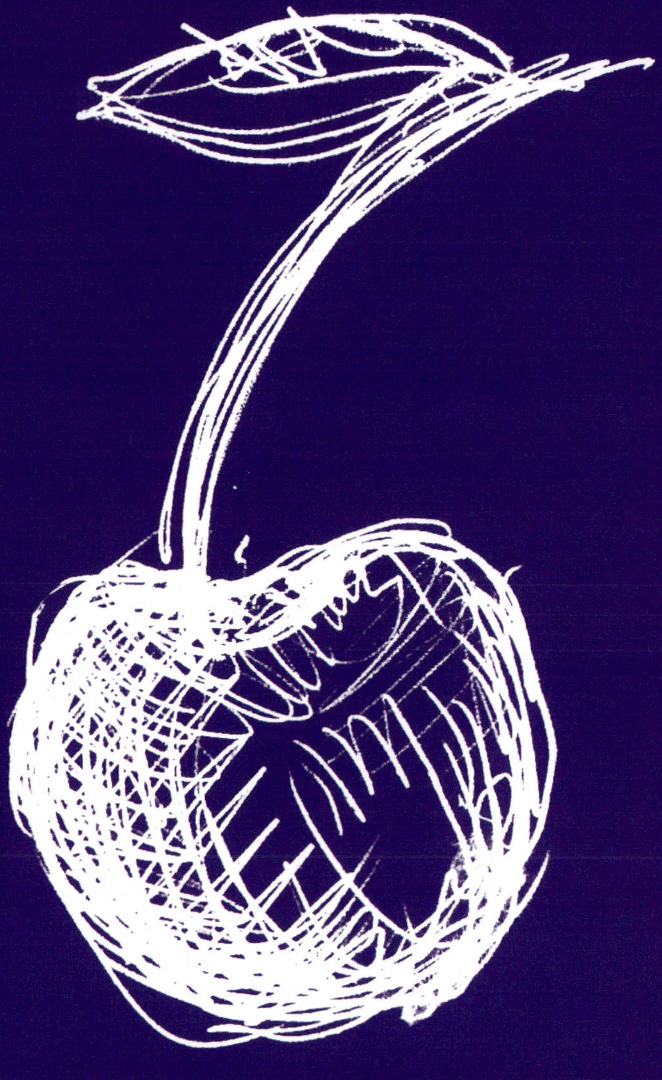

11

Acabamento é o bom casamento entre a **arte** e a **técnica**.
Acabamento é a medida da sua atenção ao **detalhe**.
Acabamento é o que qualifica o seu **padrão de qualidade.**

Sabe aquele **1%** que o brasileiro costuma **"deixar para lá"** **?** É horrível! Estive de frente com essa triste experiência na visita à montagem de um camarote para o carnaval do Rio. É impressionante como uma equipe de obras e de montagem passa por cima de detalhes tão perceptíveis. É um somatório de preguiça, descaso e um nível de exigência muito limitado. Padrão de qualidade é uma questão a ser trabalhada pelo brasileiro.

Na arquitetura, o **acabamento** é um dos principais diferenciais de uma entrega. Desde as primeiras etapas de apresentação de um projeto até a entrega final de uma obra, a qualidade com que você trata cada detalhe do seu serviço é o que poderá destacá-lo no mercado e posicioná-lo em um patamar superior. É aquele **1%** que faz a **maior** diferença.

É um engano achar que o cliente não vai reparar em um acabamento deficiente.

O comprometimento com a qualidade é um princípio que deve ser bem entendido por toda a equipe do escritório. Todos devem estar sensíveis e antenados com a meta de entregar um trabalho com rigor e garantias de qualidade. É uma atitude a ser incorporada por todos os envolvidos e é fundamental para o êxito do negócio.

Para garantir níveis elevados de **acabamento**, será exigida primeiramente uma atenção redobrada na formatação técnica dos detalhes executivos. Se o projeto partir com definições equivocadas, o resultado será indiscutivelmente um fracasso.

Nunca se esqueça de:

. Verificar a qualidade do material;

. A adequação executiva ao projeto;

. As condições de instalação;

. As facilidades de manutenção;

. Os prazos de entrega;

. A compatibilização com os materiais complementares.

E por aí vai...

Com essas garantias, ainda existe a questão da mão-de-obra. De nada vai adiantar ter um projeto excepcional se a equipe de obras não tiver o devido cuidado com o critério executivo. E, por melhor que seja a equipe de construção, de montagem ou de fabricação, não se afaste do seu compromisso de acompanhar diariamente o trabalho dos profissionais. Se der errado, a culpa será sempre do arquiteto.

Em se tratando de Brasil, pedir uma atenção mais do que redobrada não é nenhum exagero. Nossa mão--de-obra ainda está longe de ser um primor de qualidade. São raras as exceções. Não é fácil encontrar um profissional de obra realmente qualificado, pontual, dedicado e caprichoso. E quando achar um, cola ele no time. Vale ouro. A maioria teve formação informal e autodidata. Tecnicamente pode até ser capacitado, mas os critérios e os padrões de acabamento e entrega muitas vezes derrubam o cara. Os baixos níveis de escolaridade do povo brasileiro refletem diretamente na qualidade do trabalho ofertado nos canteiros de obra. Infelizmente.

É preciso aprender a formar um bom time, dirigir a equipe e saber cobrar os resultados. Independente do cargo, da função ou das responsabilidades, os serviços devem ser acompanhados e revisados diariamente. Todos devem estar atentos na verificação e na melhoria de detalhes que possam agregar qualidade e eficiência ao produto final. Todos têm a obrigação de cumprir com êxito seus objetivos e suas metas – e isso não é tarefa fácil.

Nas obras do Guapo Loco da Barra da Tijuca insisti com os proprietários que o posicionamento de dois aparelhos de ar-condicionado do sistema split no meio do teto do salão iria criar um impacto negativo na imagem cênica do ambiente. O projeto era muito colorido, com dezenas de detalhes envolvendo piso, parede e teto. As grandes máquinas de refrigeração, de coloração branca, iriam saltar aos olhos. Os proprietários já estavam estressados, ansiosos para abrir a casa e não davam ouvidos a mais ninguém. Achei melhor esquecer o assunto e deixei de lado. No dia da inauguração, na primeira mesa que sentei, ouvi de um amigo:

-João, a **única** coisa que me incomoda são aqueles aparelhos de ar-condicionado. Vocês fizeram um teto maravilhoso e tudo está tão bom que, quando olho pro teto, só vejo aquelas máquinas.

Passou um filme na minha cabeça. Lembrei-me do dia em que alertei para esse detalhe. Claro que fiquei arrependido por não ter insistido um pouco mais. Temos que saber a hora de avançar e ter bom senso na hora de recuar. Não existe certeza de nada e, muitas vezes, podemos estar equivocados. Em questões mais delicadas, nunca deixe de alertar o cliente e, de preferência, registre por e-mail. Faz parte da nossa função apresentar propostas e soluções, mas a aprovação é uma atribuição do proprietário.

É possível também que o proprietário defina algum detalhe, ou especifique algum tipo de revestimento que não esteja em acordo com a sua visão de projeto. Se tiver consciência de que a escolha do cliente não é a mais indicada, vale uma segunda conversa. Tenha sensibilidade para ver até onde deve insistir, mas nunca deixe de colocar sua opinião. Tenha muito cuidado para não "encher o saco" do cliente com a imposição de seus conceitos. No entanto, é fundamental alertá-lo quando uma peça, material ou acabamento possam vir a gerar problemas técnicos, de segurança ou de durabilidade no futuro. Nestes casos, registre por e-mail a comunicação.

Para garantir a máxima qualidade na execução de uma obra será preciso acompanhar a definição de cada detalhe de projeto, participar atentamente das reuniões técnicas, produzir revisões, pesquisar materiais e buscar as melhores soluções. É uma atividade que vai exigir **atenção** e um **empenho** quase que obstinado.

Em uma obra, o arquiteto é uma espécie de **maestro**. Ele não precisa saber tocar todos os instrumentos, mas deve conhecer suas funções e capacidades. Como na orquestra, uma obra é formada por dezenas de músicos, centenas de instrumentos e um número incontável de notas musicais. A possibilidade de desafinar é enorme e previsível. Como maestro, o arquiteto será também o responsável direto pelo sucesso ou pelo insucesso da sinfonia. Esteja certo ainda de que, quanto mais complexo for o seu projeto, mais atenção será exigida na definição de cada pequeno detalhe executivo.

Desenvolvemos o projeto de uma clínica dentária com seis consultórios. O proprietário foi bem claro:

- João, quero uma proposta inovadora, por isso, procurei vocês. Clinica dentária é tudo igual. Tenho a melhor equipe de dentistas, mas quero oferecer para o meu cliente algo especial.

A clínica seria construída em uma casinha simples e convencional. Depois de muito estudo, definimos uma solução executiva com contornos totalmente irregulares. Pra completar, uma clínica exige uma série de normatizações e especificações técnicas e legais muito exigentes no que se refere a materiais de revestimentos e acabamentos.

Era uma proposta em que o desenho das estruturas e o corte dos vidros de fechamento exigiria um trabalho extremamente qualitativo. Foi uma obra que rendeu, minimante, o triplo do tempo de uma obra convencional. Mas conseguimos oferecer a experiência de frequentar uma clínica dentária e se tornar uma visita inspiradora. Sentar naquela cadeira do dentista é uma ótima experiência. A execução do projeto foi exemplar. Diferente disso, ficaria um lixo.

Clínica Famille Macaé - Situação recebida (RJ)

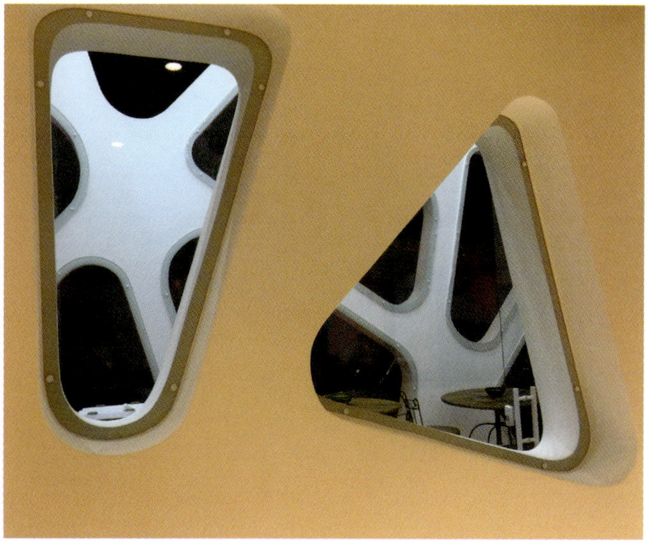

Clínica Famille Macaé - 2016 (RJ)

Aceitamos esse projeto pela vontade do cliente de fazer algo realmente inovador. Os valores propostos para projeto e para execução eram muito limitados. Chegamos a achar que não seria realizado. Mas para a CICLO, uma novidade é sempre uma oportunidade de experimentação. Entregamos o projeto, mas o cliente não tinha como começar a obra. Um ano e meio depois nos convidou para a inauguração. Disse que queria “nos fazer uma surpresa”. E fez.

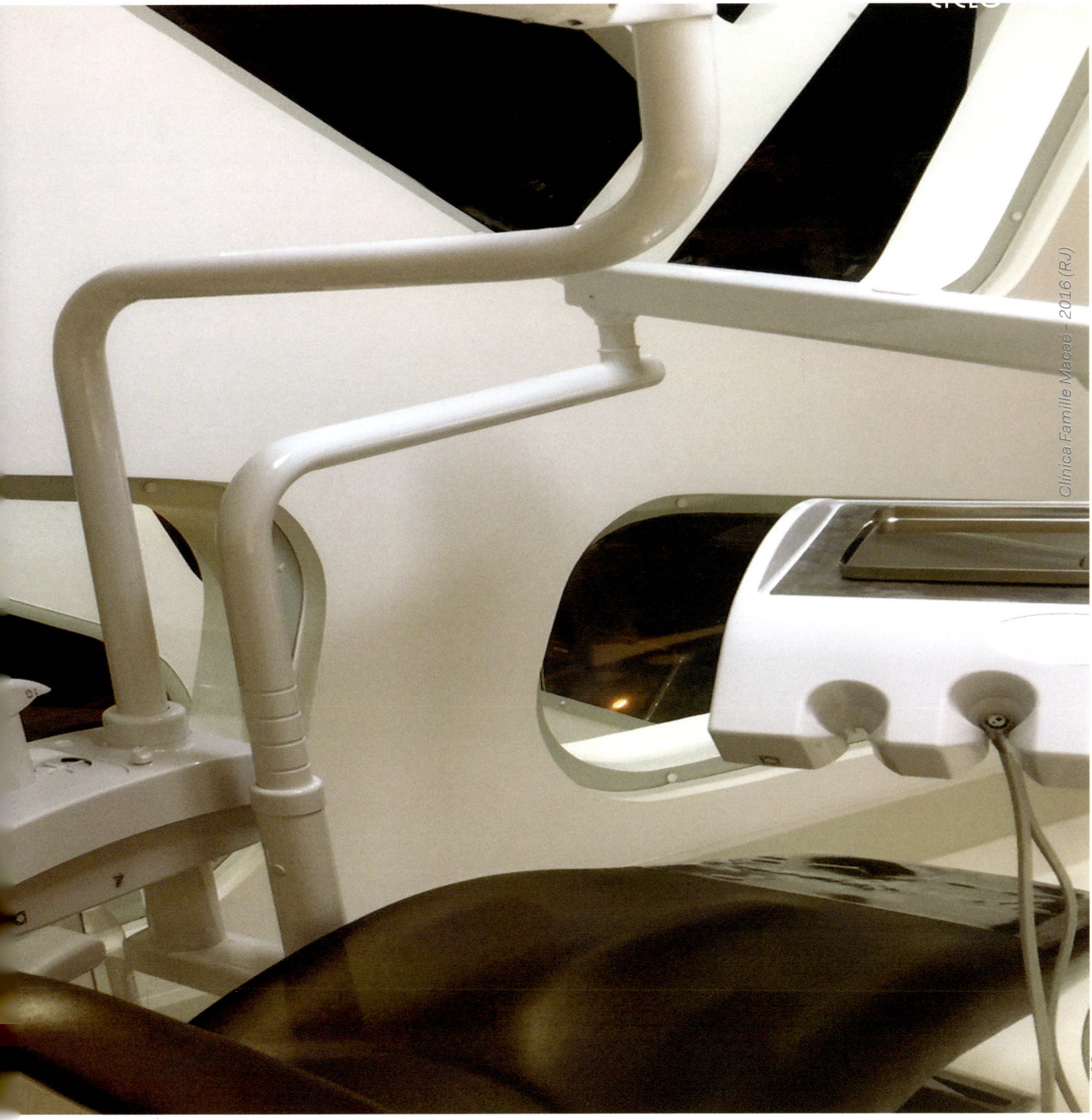

Clínica Famille Macaé - 2016 (RJ)

DESA-
FIO

12

“O maior risco é não correr nenhum risco. Em um mundo que está mudando rapidamente, a única estratégia que certamente vai falhar é não correr riscos”

Mark Zuckerberg - co-fundador e presidente do Facebook

12

Fazer um projeto com linhas convencionais e com a devida qualidade já é por si só um bom desafio na arquitetura. Mas, se você quiser fazer algo realmente criativo, será um desafio ainda maior. Um projeto inovador, por menor que seja, será sempre uma experiência única e, consequentemente, um desafio a ser vencido.

Sempre tive como foco aproveitar as oportunidades de uma nova encomenda e desenvolver um projeto original, criativo e de forte impacto visual. Consequentemente, nossos projetos sempre foram pautados por desafios e riscos permanentes.

A palavra de ordem, atualmente, para qualquer empresa é **inovação**. Vivemos um momento de grandes revoluções, principalmente no segmento digital e do comportamento. A cada dia, somos surpreendidos pela criação de diferentes produtos digitais que promovem um profundo impacto nos meios de comunicação e no relacionamento profissional e pessoal da sociedade globalizada. São as chamadas **pequenas grandes ideias**, que transformam a dinâmica do nosso dia a dia e fazem desmoronar conceitos estabelecidos.

É assim que funciona o mundo moderno. Por isso, acredito que precisamos estabelecer uma dinâmica extremamente **inovadora** e **atraente** em nossas profissões e no produto que entregamos. Precisamos **inovar**.

A arquitetura que hoje é destaque no mercado mundial ganhou inicialmente o título de **arquitetura espetacular**. Foi motivo de crítica por várias correntes, mas eu, particularmente, sempre admirei e me encantei pelos belos e loucos prédios desconstrutivistas. É uma das correntes de profissionais que se posicionou no mercado com o objetivo de desenvolver a arquitetura do **futuro**. Como coloquei anteriormente, é uma corrente que não se enquadra no conceito identificado hoje como **arquitetura contemporânea**. Quadradinho para cá, quadradinho para lá, mas nada mais é do que uma cópia atualizada da arquitetura **modernista** dos anos 1950 e 1960. Essa, sim, foi uma arquitetura **espetacular** para a época e que eu admiro profundamente. Os modernistas foram arquitetos extremamente **inovadores**. Não sei qual o título atual para a **arquitetura espetacular**, mas gosto dessa definição. Como não sou teórico ou estudioso do assunto, vou ficando com essa.

Para os que quiserem se aventurar na criação de projetos mais arrojados é fundamental estar consciente dos riscos que envolvem a concepção de peças exclusivas. Será preciso muita atenção para definir um projeto técnico exequível, com garantias de qualidade, de durabilidade e que **esteja em acordo com os orçamentos previstos para as obras**. Um projeto ousado não será necessariamente mais caro. Mas, normalmente, é muito mais complicado. Um projeto inovador certamente vai exigir detalhamentos executivos mais complexos. A escolha de materiais inusitados e não convencionais também faz parte dessa rotina. A participação de técnicos especializados, competentes, responsáveis e criativos também deverá entrar no escopo dos serviços.

O conjunto de responsabilidades que envolvem a criação de um produto inovador, independentemente de estar cercado por excelentes profissionais, será sempre um projeto de **alto risco**. Desde a sua concepção original, passando pelo detalhamento, orçamento, fabricação e montagem, será exigida uma atenção redobrada e extremamente consciente na tomada de decisões. É trabalho para profissionais corajosos, dedicados e focados em garantir excelência de resultado nos mínimos detalhes. Lembre-se de que será depositado em você o compromisso de resolver a questão com maestria e louvor. A imagem final do projeto, seu design exclusivo, a qualidade dos materiais, a durabilidade e a precisão dos acabamentos serão pontos de especial relevância para o produto final. Se não funcionar ou falhar nos detalhes, **você será o responsável**.

Mas não deposite seu foco de trabalho apenas no design e na qualidade da obra. Outro desafio é entender qual a função e qual a imagem mais adequada para o produto. Não adianta ser somente **arrojado**, é preciso **comunicar**. Seu produto precisa garantir um impacto visual que seja representativo dos objetivos destacados pelo cliente.

Fomos convidados pelo Flamengo para produzir os projetos de arquitetura de interiores, iluminação e de fachada do prédio do Centro de Treinamento do futebol profissional. O edifício já estava com as estruturas e paredes levantadas, mas as obras haviam sido abandonadas há cerca de cinco anos. A construção se assemelhava a uma ruína, e a fachada ao desenho de uma repartição pública abandonada. O Flamengo, um clube de projeção internacional, precisava de uma fachada que retratasse sua história e sua reputação. Esperavam da CICLO uma solução realmente representativa.

A solução para a fachada não seria tentar aproveitar ou se adaptar às estruturas existentes, mas sim conceber uma malha global de fechamento. Apresentei a proposta de criarmos uma "pele" que revestisse a totalidade dos dois blocos com o layout de uma espécie de malha. Na arquitetura chamamos de ESCAMA. Peguei a logomarca do time e a bola de futebol. Destacamos o out line dos dois elementos e fundimos em uma única peça, criamos uma nova marca. Em seguida replicamos essa marca em peças confeccionadas em chapa metálica, com um metro de diâmetro, dez centímetros de espessura e criamos uma ESCAMA. Com peças nas cores branca, preta e vermelha, revestimos a totalidade da fachada e inserimos uma enorme marca do Flamengo. O resultado foi um edifício moderno, minimalista e muito elegante. Foi aprovado por toda a direção do clube e botamos para cima.

Estudamos a confecção da escama com chapa galvanizada ou fibra de vidro. Pela durabilidade e textura, o ideal seria a fibra, mas, por questões de custo, ficamos com a opção da chapa. O resultado foi espetacular.

O principal destaque desse projeto não foi a concepção de mais uma escama para envolver a estrutura do prédio existente, mas sim a criação de uma identidade visual exclusiva para a fachada. Uma proposta conceitual que poderia ter sido desenvolvida por uma agência de publicidade. O projeto não se utilizou apenas de uma arte decorativa para compor a malha, mas de dois símbolos marcantes do produto do cliente. A fachada, para além de uma peça esteticamente atraente, teve como resultado o fortalecimento da identidade do produto. Esse foi o grande achado do projeto. Isso é o que considero COMUNICAR em arquitetura.

Quanto mais você apostar na criatividade como um importante diferencial nos seus projetos, mais os clientes criarão expectativas em torno do seu trabalho e mais você será cobrado por isso. **Você deverá então se superar a cada trabalho**.

CT Profissional - Situação recebida - 2016 (RJ)

Estudo de identidade visual

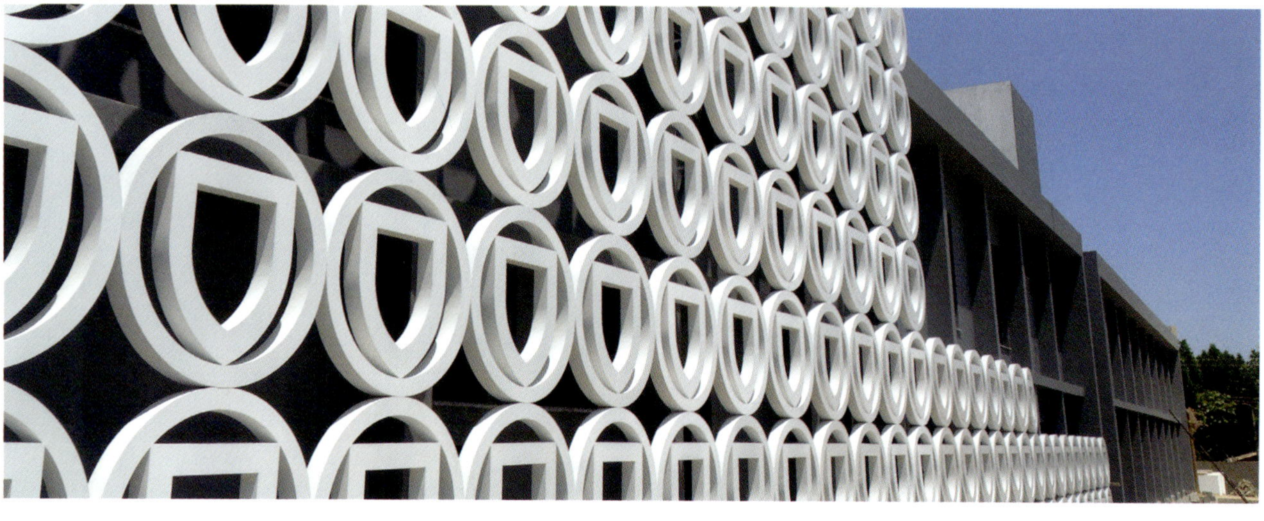

CT Profissional (Montagem da fachada)-2016 (RJ)

FRIO NA BARRIGA

Quando fui convidado para desenvolver para a Wrobel o **Búzios Breezes Resort**, a **Cidade do Samba** para a Prefeitura do Rio de Janeiro, o **Parque de Eventos de Arganda Del Rey**, em Madrid ou o **Zoológico do Rio – RIOZOO** para o grupo CATARATAS, nunca havia produzido projetos similares. Por se tratar de trabalhos de grandes dimensões e de altíssimo valor de investimento, era um desafio ainda maior. Confesso que, nos três exemplos citados acima, bateu certo frio na barriga. Para superar a inexperiência no desenvolvimento destes projetos, tivemos que dedicar muito empenho em pesquisa, consultas técnicas e horas extras de trabalho para cumprir a missão e fazer o melhor. Foram grandes oportunidades e queríamos surpreender.

Desenvolver produtos com características, dimensões e responsabilidades muito superiores às que você já tenha participado será uma empreitada complicada. Momento de superação e de contar com profissionais e especialistas competentes e responsáveis. São empreendimentos com investimentos altíssimos e, vale sempre alertar, qualquer pequena falha pode custar muito caro. Não é para se intimidar, muito pelo contrário, mas é para ter **atenção redobrada**.

Centro de Treinamento Profissional Alexandre Wrobel - 2016 (RJ)

Centro de Treinamento Profissional Alexandre Wrobel - 2016 (RJ)

16

Centro de Treinamento Profissional George Helal (Projeto de Interiores) - 2018 (RJ)

NOVIDADE

Um projeto para um segmento no qual você ainda não tenha participado vai exigir inicialmente o entendimento do programa e um estudo profundo dos objetivos, das funções, das necessidades operacionais e de suas demandas técnicas. É sempre estimulante abraçar um novo mercado, mas é importante estar muito consciente das responsabilidades e do risco de se aventurar em um ambiente desconhecido.

Um profissional deve ter pleno conhecimento das suas habilidades e dos seus limites. Desta forma, estará capacitado para reunir um bom time e garantir êxito em empreitadas mais complexas. Acrescente ao seu profissionalismo uma boa dose de loucura e de muita vontade de investir, com consciência e responsabilidade, em atividades desconhecidas.

Em arquitetura, **arte**, **técnica** e **função** são como almas gêmeas.

Tenha a devida atenção para que o **tesão** pela **arte** não venha a cegá-lo para a **razão** da **funcionalidade**. E que a **razão** da **técnica** não seja um inibidor da sua **arte.**

A opção da **CICLO** em associar sua marca à criação de projetos ousados e nada convencionais nos coloca diariamente na frente de grandes desafios. Mesmo trabalhando com prazos reduzidos ou custos limitados, temos como princípio aproveitar as **oportunidades** e nos dedicarmos à criação de algo realmente surpreendente. Não por vaidade ou por qualquer mérito especial, mas apenas pela **VONTADE** de fazer algo que o cliente e nossa equipe fiquem realmente orgulhosos e satisfeitos com o resultado. Independentemente de valores, das dimensões ou dos méritos, nosso empenho é sempre a promoção de uma entrega impecável.

Centro de Treinamento Profissional George Helal (Projeto de Interiores) - 2018 (RJ)

TIME

13

“A força do time está em cada um dos seus participantes, a força de cada participante é o time”

Phil Jackson - Jogador, treinador e executivo de basquete

13

Formar uma boa equipe é o sonho de qualquer empresa. Time é decisivo. Saber escalá-lo também. Para o sucesso de uma empreitada é fundamental saber formar uma ótima equipe, saber identificar o potencial de cada membro do time, definir suas funções e estabelecer metas e compromissos. Mas, em hipótese alguma, deixe de supervisionar cada detalhe. Todos devem estar conscientes das suas funções, assumir metas e atender aos prazos para o cumprimento de cada etapa de produção.

COMUNICAÇÃO

Na arquitetura, é importante estar atento aos pequenos detalhes, compatibilizar informações entre as partes envolvidas e manter os projetos permanentemente atualizados. Uma comunicação corporativa, técnica e eficiente é, na arquitetura, fundamental para evitar sustos e solucionar as permanentes questões que surgem nos encaminhamentos de projetos e na realização de obras.

ORGANIZAÇÃO

Todos devem manter os projetos muito bem identificados, organizados e compatibilizados. Vamos trabalhar sempre com um grande volume de plantas, planilhas e informações. A chance de os procedimentos de projetos se transformarem em uma bagunça incontrolável é **eminente**. Todos estarão correndo sérios riscos e certamente será perdido um tempo precioso com buscas e verificação de arquivos que não estejam organizados em criteriosas planilhas de controle. Uma equipe de trabalho precisa ter a consciência do valor da organização. Pode parecer chatice, e é. Pode parecer caretice, mas não é. Se você está à frente do negócio, precisa ter, durante o desenvolvimento dos trabalhos, metodologia, organização, olhos de águia nos detalhes e uma visão crítica e imparcial durante todo o processo.

COMPROMETIMENTO

Para além das obrigações técnicas e operacionais, é preciso criar um time que saiba minimamente trabalhar em grupo. Quando for montar uma equipe de trabalho, não seja seduzido por pequenas emoções, vaidades ou questões pessoais. Seja criterioso na seleção de um profissional. Considero fundamental estabelecer um ambiente produtivo e agradável no trabalho, mas sem perder os critérios de responsabilidade. O bom time é aquele que, independente de convicções pessoais, sabe jogar com os parceiros e é comprometido com a entrega. O gestor do grupo deverá ser um profissional que saiba conduzir o time e, em caso de necessidade, colocar no banco ou afastar um membro da equipe que não esteja respondendo aos compromissos profissionais.

LUCROS

Muito cuidado também para, no intuito de otimizar maiores lucros, optar pela redução da equipe ou controlar em demasia investimentos básicos de produção. Colocar em risco os prazos de entrega, a qualidade do produto ou o atendimento ao cliente por questões de **lucro** é algo **inadmissível**. O jogo precisa ser vencido com louvor, agilidade e eficiência, mesmo que o lucro seja parcialmente comprometido. A palavra **eficiência** resume, de forma global, o que se espera de uma atitude profissional de uma empresa. O time precisa estar afinado com essa diretriz.

A COMUNICAÇÃO

Você será sempre o responsável direto pelos resultados finais e pelas consequências positivas ou negativas de uma empreitada. Por esse motivo, uma equipe precisa se superar diariamente. Nunca deixe um cliente ou um parceiro sem retorno de informação. É fundamental escalar um representante que saiba manter os envolvidos no acompanhamento dos trabalhos sempre atualizados e muito bem informados. Em visita a obras, ou em reuniões, tenha sempre em mãos um pequeno bloco de anotações para apontar a totalidade das observações levantadas em campo. Adquira o bom hábito de, em reuniões de mesa, abrir um laptop, produzir uma **ata** e posteriormente encaminhar para o grupo de trabalho. Mantenha as equipes **informadas** e garanta, com máximo rigor, o controle e o cumprimento das metas. Esse procedimento formal garante eficiência na produção e a confiança do cliente.

VISUAL

Saiba garantir, junto com sua equipe, qualidade nas entregas de cada etapa de projetos. Seja criativo também no processo de desenvolvimento, acompanhamento e na produção do material de apresentação. Saiba tirar proveito da produção de imagens volumétricas, croquis, plantas ilustrativas, levantamento de referências e todo tipo de elemento visual e informativo que seduza e ajude o cliente a visualizar e entender melhor os detalhes dos projetos. Todos do time precisam compartilhar de mais essa iniciativa de produção e de qualidade.

Temos hoje na CICLO um leque muito diverso de negócios. Já desenvolvemos projetos para casas, hotéis, escritórios, lojas, casas noturnas, restaurantes, centros culturais, clínicas, centros esportivos, escolas, teatros, parques, exposições, estandes, decorações natalinas, palcos para shows, Zoológico, Cidade do Samba e por ai vai. Tenho certeza de que um dos motivos de termos tido êxito nas empreitadas e conquistado a fidelização de nossos clientes é consequência de um atendimento preciso, criterioso e ao mesmo tempo fiel e agradável. Todos precisam, independentemente de qualquer situação de desconforto momentâneo, saber atender um cliente com a maior atenção, comprometimento e bom humor.

Somente com muita dedicação, espírito inovador, olhar crítico, parcerias sólidas, bons princípios, habilidade no relacionamento e o objetivo de fazer sempre o melhor, você estará mais habilitado e mais próximo de conquistar um espaço no mercado. Nunca será fácil e os resultados não são imediatos. Não é fácil formar um bom time. Na hora de escolher um novo membro para a casa, procure selecionar aqueles que se identifiquem com os princípios do escritório. Isso não é preconceito, mas um facilitador na busca por resultados.

Alexandre Porcel

Amana Vilhena

Ana Kalil

Ana Paula Zahran

André Fernandes

André Godinho

Cristiano Capell

Federico Estevão

Fernanda Aznar

Fernanda Mattos

Fernanda Urbano

Fernando Genuma

João Otávio Uchôa

Jorge Wanderley

José C. Miranda

José Victor Praça

Juliana Andrade

Leon Henriques

Márcia Maia

Nicola Maisto

Paulo E. Silveira

Pedro Seiblitz

Priscila Alves

Roberta Muglia

ntonio Amaral

Antonio Loureiro

Barbara Urbano

Cheyenne Brito

Cleofas Uchôa

Federico Bardini

briel Aracri

Glauco Bernardi

Igor Ribeiro

Isabela Andrade

Joana Uchôa

João Uchôa

nardo Fuchs

Leonardo Milano

Lúcia Maldonado

Luiz Guilherme Leal

Lydia Murad

Marcella Serrano

na Maghamez

Thais Afonso

Victor Dantas

Violeta Caminos

Vitor Wanderley

Yan Marlon

DIPLO-
MACIA

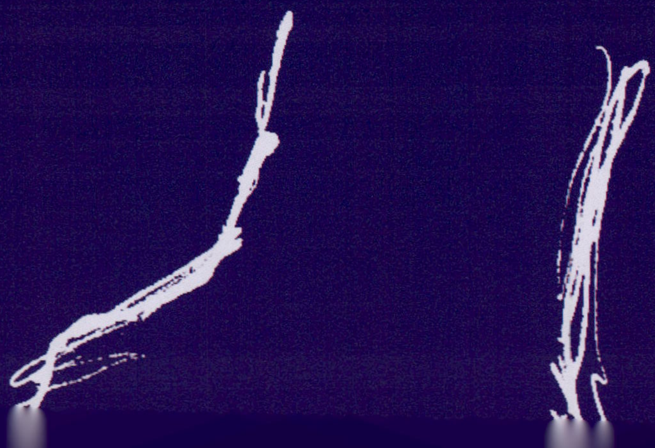

14

“A MELHOR MANEIRA DE PREVER O FUTURO É CRIÁ-LO .”

Peter Drucker - Escritor austríaco, considerado o pai da administração moderna

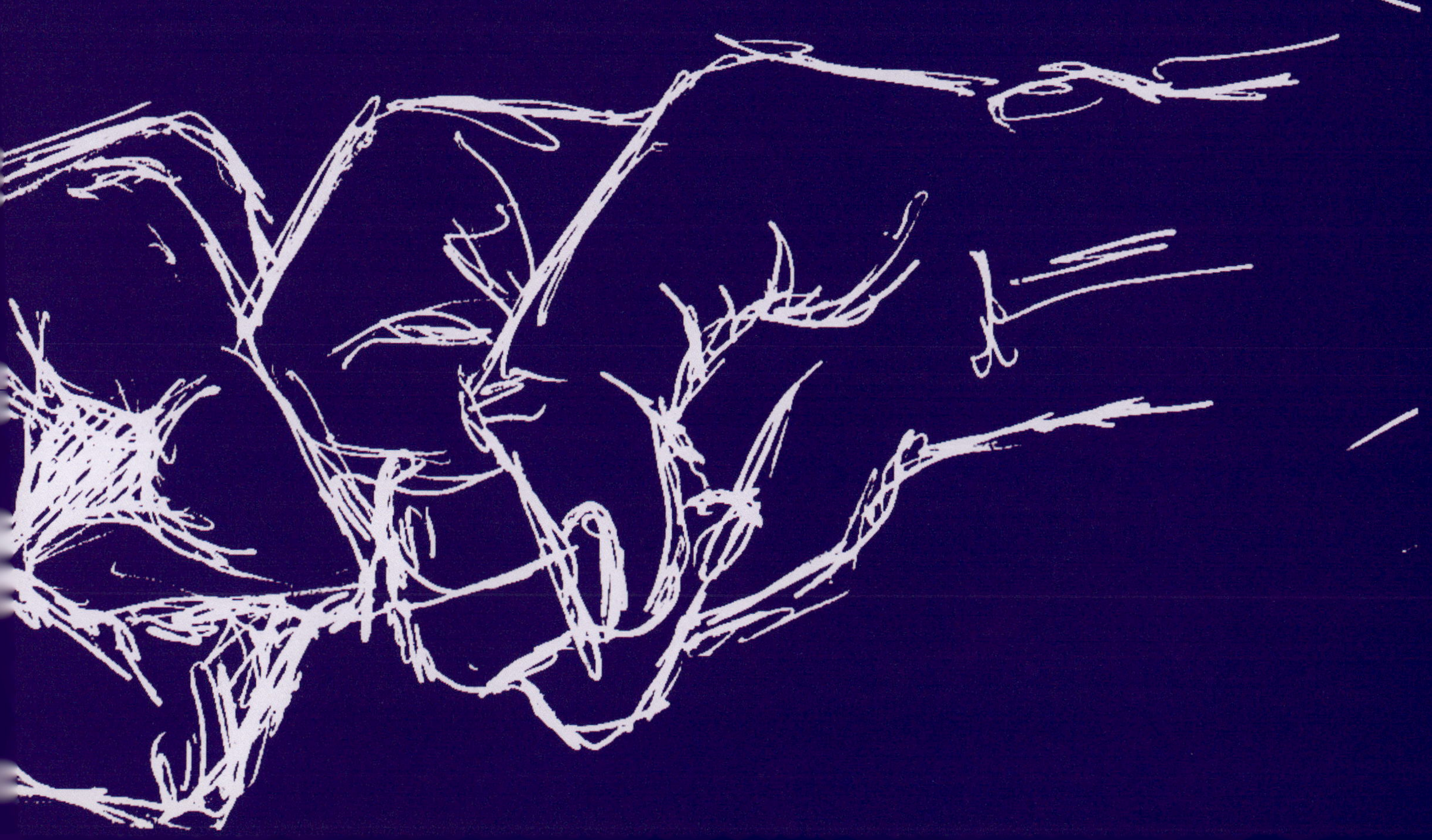

14

Um importante princípio deve ser repassado para o time:
- Procure **sempre** agir com **diplomacia**.

O relacionamento diplomático é um comportamento que dificilmente será absorvido e colocado em prática ainda na juventude. Mesmo na fase adulta é preciso muito empenho e determinação para atuar com **maturidade** e, consequentemente, com **diplomacia**. Principalmente quando você estiver envolvido em operações com um grande número de pessoas. Como já coloquei anteriormente, a **fauna humana** é diversa e, muitas vezes, adversa.

Mesmo que você esteja trabalhando arduamente e atuando de forma impecável, o **ser humano** é um bicho complicado, emotivo, competitivo e imaturo. Ele cobiça, sente inveja, é imediatista, e, para piorar, o mundo moderno resolveu colocar na cabeça dos jovens que eles somente poderão ser felizes e realizados se tiverem **sucesso pessoal**. O foco do sucesso deve estar no resultado do negócio, e não em um benefício próprio.

Plenitude nada tem a ver com **sucesso**.

O princípio de conquista desse **pseudossucesso** cria normalmente uma motivação pouco cooperativa. Esse anseio pelo **sucesso imediato** e a **qualquer custo** pode, motivado por um interesse individual, desviar o foco pelo resultado do produto. E aí começam as brigas por pequenos poderes. Trabalhar motivado por sentimentos pessoais é uma atitude inaceitável no ambiente de trabalho.

É preciso estar atento para não ser contaminado por esse tipo primitivo de comportamento. Mas, infelizmente, o **ser humano** falha muito nessa percepção e pode agir de forma, nem sempre, **diplomática**. Muito provavelmente, em algum momento você poderá ser tratado de uma forma não muito agradável. Responder de forma emotiva e de confronto não é indicado, pois pode colocar muita coisa a perder.

Quando iniciei a montagem dos laboratórios de televisão da Estácio de Sá, eu tinha 33 anos e nenhuma experiência na atividade acadêmica. Era um cara dinâmico, com uma forte bagagem na área de teatro, rádio e televisão e muito entusiasmado com minha atividade. Logo após os laboratórios receberem altos investimentos em equipamentos, um grupo de antigos funcionários começou a fazer todo tipo de barulho e movimento para atrapalhar meu trabalho. Percebi que era um grupo de pessoas acomodadas, eles não entendiam nada de televisão e estavam desconfortáveis por não terem assumido a função de montagem dos laboratórios. Apesar de estreante no meio acadêmico, eu sempre fui muito entusiasmado e confiante nas minhas habilidades e rapidamente ganhei a credibilidade dos alunos. Mas minha reação foi infantil e agi com certa prepotência. Acreditava que os ótimos resultados do meu departamento seriam suficientes para superar qualquer divergência. Não levei em conta que a direção da casa também era da velha guarda. Por ingenuidade, não percebi que nos bastidores estavam conspirando contra minha permanência. Fizeram de tudo para me tirar o equilíbrio, e conseguiram. Respondi sem qualquer habilidade diplomática e, quando percebi, não tinha mais como reverter o quadro. Mesmo gozando de excelentes resultados dos laboratórios, meu contrato não foi renovado. Levei alguns meses para me conscientizar de que havia agido de forma infantil, despreparada e inconsequente. Depois, fui realizar o mesmo trabalho para a Universidade Gama Filho. Tive os mesmos problemas de receptividade, mas estava calejado e agi com cautela e com uma afinada política de relacionamento. Apesar das diversas trocas na direção do curso, prestei meus serviços por quase quatro anos. A demissão na Estácio foi uma ótima **lição**.

Se tivermos a competência de desenvolver um domínio sobre nossas verdades, sobre nossas emoções e sobre nossas atitudes, poderemos nos tornar um profissional mais equilibrado e mais eficiente. Colocando em uma linguagem popular, o **diplomata** seria a melhor versão do **"engolidor de sapos".** Ele é o cara que ouve uma grosseria e, antes de responder, reflete sobre a melhor forma de estender a mão e buscar a conciliação. Ele é o cara que em momento algum vai agir motivado pelo primeiro impulso ou responder de forma agressiva. É aquele que sabe que "**quando um não quer, dois não brigam**". Apesar de ser um provérbio simplório, é

Redação da TV Mundo Melhor operada por estudantes - Rock in Rio 2001 (RJ)

carregado de sabedoria. Ele não briga e não deixa brigar. Nunca se ofende. Sabe que os objetivos são muito mais valiosos que os posicionamentos individuais.

O **diplomata** não carrega verdades nem ambições pessoais. Ele trabalha com foco na realização para a qual ele foi escalado. Tem uma missão maior do que as próprias convicções. Ele sabe que sua função é prestar um ótimo serviço e atingir o melhor resultado para quem o contrata. Não se abala com críticas. Na verdade, ele sabe absorver críticas. É uma cara que pensa muito antes de falar e tem o cuidado de não ser influenciado por emoções pouco producentes ou desagregadoras. Ele é, na verdade, um agregador.

Confesso que essa é uma das minhas maiores descobertas como cidadão e como profissional. E podem ter certeza que diariamente exercito a capacidade de aprimorar os conceitos da diplomacia corporativa. Quanto mais cedo aprendermos a agir com equilíbrio e maturidade, mais fácil as portas se abrirão. As pessoas, por mais rudimentares que sejam, acabam por perceber o valor de uma atitude coerente.

Ser uma pessoa agradável, competente e com capacidade para se relacionar de forma produtiva e positiva com os demais é, independentemente do resultado midiático ou financeiro, a melhor receita de **sucesso**.

Se você cair nas armadilhas da competição mundana de pequenos poderes, na cegueira das vaidades pessoais, na armadilha das verdades supremas ou agir motivado pelo impulso puro da emoção, poderá se tornar uma pessoa inoportuna. Outra consequência desagradável é, por falta de habilidade e paciência, criar as condições para ser derrubado pelo primeiro indivíduo mal intencionando que passar pela sua frente. Muito cuidado para não abrir a guarda e agir de forma impulsiva. Se você estiver disposto a adotar bons princípios poderá, ainda na juventude, gozar do respeito e da boa reputação entre os parceiros de trabalho.

Outro detalhe importante é saber agir com estratégia. Não se engane, o DIPLOMATA não é apenas um cara bonzinho. Para preservar o cliente, o negócio, o respeito e o coletivo, ele sabe trabalhar muito bem o silêncio e uso das palavras. Ele aprende a reverter um jogo que muitas vezes poderia parecer perdido. Ele não vai se abalar com provocações ou armadilhas mundanas. Ele sabe muito bem como jogar. O jogo do diplomata está amparado pela paciência, pela sabedoria e pela estratégia de ação.

Já paguei caro no passado por responder ou agir de forma impulsiva. Hoje, me dedico ao aprendizado da **arte da diplomacia** com o mesmo prazer com que desenvolvo um projeto. Procuro perceber a hora certa de falar e o momento oportuno de recuar. Apesar das convicções pessoais, sempre relativas, procuro esperar o momento certo de e como agir. Penso muito bem na forma como devo me posicionar, no momento oportuno, a quem devo me dirigir e de que forma devo apresentar qualquer questão. Para trabalhar com seres humanos é preciso ter a habilidade de um estrategista. Afagar um provável inimigo pode ser a melhor forma de virar o jogo a favor do coletivo.

Para que ninguém se sinta ofendido, não vou expor situações nas quais a atitude de relacionamento profissional tenha colocado em questão o jogo da diplomacia. Mas deixaria um conselho: quando se sentir ofendido por palavras, e-mails ou qualquer tipo de provocação, nunca responda de imediato. Garanta o tempo necessário para refletir, pense estrategicamente e, se realmente achar necessário, crie o elemento de retorno. Mas pense muito antes de produzir sua resposta. Ao fazê-lo, tenha como objetivo motivar a conciliação e, claro, direcionar o jogo de forma a atender o coletivo e o negócio. Nunca é bom cultivar inimigos. Outro provérbio clássico é: **"Nunca se sabe o dia de amanhã"**.

MUITO IMPORTANTE

Tenha certeza que a comunicação que enviar por escrito, principalmente por e-mails, possa ser lida por qualquer um que esteja envolvido nas atividades correlatas.

Muito cuidado com o que se escreve.

Quando sou abalroado de forma pouco agradável, muitas vezes prefiro responder por escrito. Dedico-me por um período de três, quatro ou até cinco dias estudando e formatando uma resposta. Mas só envio depois de muito pensar e de consultar amigos mais próximos e experientes. Leio e releio dezenas de vezes. É preciso ter muito cuidado com o que se escreve. É um documento que ficará registrado. Tenha consciência no uso de cada palavra que utilizar e muita atenção no conteúdo principal da sua carta. Em uma atitude dessas, podemos ganhar ou perder o jogo.

BUD-
GET

15

“Quando se navega sem destino, nenhum vento é favorável”

Sêneca

15

Ter conhecimento dos recursos disponíveis para a execução de uma obra pode ser um grande facilitador. De posse dessa informação, teremos condições de produzir os estudos iniciais do projeto, já entendendo os limites dos investimentos.

Com um simples cálculo de multiplicação da área a ser construída (ou reformada) pelo valor do metro quadrado, você poderá ter uma noção muito próxima dos custos de uma obra. Se for um projeto mais arrojado e com detalhes mais elaborados, terá certamente um custo do metro quadrado mais elevado. Se for um projeto para áreas molhadas (cozinha, banheiros ou vestiários) os custos de obra também serão mais elevados. Comparativamente a áreas secas (quartos, circulações, entre outros), o valor do metro quadrado para áreas molhadas pode ser três vezes maior.

O valor do metro quadrado de construção é uma informação que pode ser levantada pelo Google, em revistas especializadas, pelo CAU ou consultando um escritório de engenharia. Hoje (2020), o valor do metro quadrado de uma obra contabilizando a totalidade de serviços, materiais e encargos, estaria na casa dos 3.500 a 4.000 reais. O metro quadrado de reforma de iluminação e de revestimentos internos de um quarto pode chegar a 1.500 reais.

Em alguns casos, o cliente pode ter recursos disponíveis, e não estar preocupado com os valores a serem investidos na realização das obras. Mas, em outra situação, o budget disponível pode ser reduzido, e mais criativas deverão ser as nossas soluções. Independente da situação, podem ter certeza de que todo cliente estará buscando o melhor resultado artístico, funcional e econômico para o seu novo espaço. Situações em que os recursos são fartos serão sempre uma oportunidade ímpar para qualquer arquiteto. Mas é coisa muito rara. Na maior parte dos casos, os recursos serão sempre muito bem resguardados, limitados e teremos a missão de produzir um projeto que caiba no caixa do cliente.

Um exemplo foi a reforma de um espaço para abertura de um novo restaurante de vinhos em Búzios chamado Armazém Central. Nas primeiras conversas com o cliente, percebi que, apesar de estar lançando um restaurante na Rua das Pedras, os recursos para obra eram muitos limitados. Para tentar garantir um resultado digno, apresentei a proposta de aproveitarmos 100% das estruturas existentes do espaço, sem realizar qualquer serviço de demolição ou de levantamento de novas paredes. Tudo ficaria no seu lugar e faríamos apenas um trabalho de revestimento. Com isso, seria evitado o desperdício de recursos com demolições, construções e alterações estruturais. Principalmente nas áreas dos banheiros, cozinha e áreas de serviço. Seria a solução para sobrar recursos para investimos em mobiliário, acabamentos, objetos e na iluminação.

Para facilitar ainda mais o investimento, optei por utilizar um único material para o revestimento das paredes e forração do teto. Com um conceito inspirado na imagem dos armazéns de interior, o espaço foi totalmente forrado com tábuas de pinho utilizadas para fazer formas de concreto. Um material barato e de fácil manuseio. A totalidade do mobiliário era de armários, mesas e cadeiras de bar confeccionadas em madeira de demolição. Foi uma obra rápida, barata, dentro dos recursos disponíveis e teve um resultado excelente.

Armazén Central - 2006 (Búzios - RJ)

EM REFORMAS

No caso de uma reforma, a melhor proposta para reduzir custos é aproveitar ao máximo as estruturas civis existentes (paredes e instalações), principalmente das áreas molhadas. Podendo economizar na demolição e na construção de novas paredes, certamente sobrarão recursos para investir em mobiliário, revestimentos e acabamentos.

NO CORPORATIVO

Para clientes corporativos, situações em que estaremos sempre amarrados em contratos e números fechados, é importante, ainda na fase de estudos iniciais, estar atento aos limites possíveis de investimento. Adequar suas ideias aos recursos disponíveis é mais uma missão do arquiteto. Uma obra precisa ser concluída por inteiro. Não adianta gastar na fachada e não sobrar dinheiro para o mobiliário ou para os acabamentos. A equação orçamento, projeto, funcionalidade e estética precisa ser bem dimensionada. Esse cuidado já será muito bem recebido pelo cliente. Demonstra que o arquiteto está consciente e atento ao negócio e não apenas na arte de projetar.

CONCORRÊNCIA

O mesmo critério de responsabilidade econômica vale para participação em concorrências. No caso de obras civis, muitas vezes ganha o que der o menor preço. Em caso de êxito, você deverá executar a obra com os valores aprovados. Nem um centavo a mais. Mercado tem budget. Muita atenção na hora de se comprometer com números e valores. As obrigações e os comprometimentos de entrega são sempre muito bem amarrados em contratos extremamente detalhados. Por isso, muita atenção ao estabelecer valores para a prestação de seus serviços.

GASTOS

Mesmo que você tenha o privilégio de desenvolver um projeto com disponibilidade de recursos, mantenha sua atenção e o devido respeito com os gastos. Esteja sempre disposto a apresentar soluções alternativas, definir propostas técnicas e especificar materiais que garantam qualidade e, ao mesmo tempo, possam reduzir os investimentos em obra. Todo empreendedor tem sensibilidade para os negócios e gosta de se cercar de profissionais competentes, antenados, corretos e que possam se tornar parceiros de confiança no cuidado com o bom uso de investimentos. O cliente vai perceber sua atitude e sua intenção em buscar melhores condições de desembolso para a realização da obra.

Aproveite a oportunidade de realizar uma experiência lúdica na arquitetura, mas entenda que estará, antes de tudo, envolvido em um negócio. É preciso ter consciência da sua importância no balizamento dos investimentos envolvidos na empreitada. Muito cuidado para não propor uma obra que esteja fora de uma situação real dos budgets disponíveis.

A máxima de que **"o que é bom custa caro"** não deixa de ser uma verdade. Na arquitetura, o **"bom, bonito e barato"** é uma possibilidade quase impossível de ser conquistada, mas não impossível. Tenha consciência de que saber reduzir despesas é um atrativo que conquista qualquer cliente.

> Era final de tarde e eu estava caminhando pelo centro de Búzios. Léo, amigo e morador do balneário, me chamou e pediu para projetar um pequeno barzinho de esquina. Era um espaço muito pequeno e que nunca dava certo na Rua das Pedras. Ele não tinha a menor ideia do que queria, e os recursos eram bem reduzidos. O bar iria se chamar Captain's. Leo é velejador, mergulhador e homem do mar. Fomos visitar o pequeno espaço e saí para jantar com um outro amigo. Eu estava sentado de frente para o mar e me veio a imagem da carcaça de um navio antigo, naufragado e enferrujado. Imaginei a proa desse navio ancorado na Rua das Pedras. Faria a obra em chapa metálica simples. Um material diferenciado, de custo reduzido e com uma pegada náutica. Perfeito! Peguei um papel e produzi um croqui. Gostei e coloquei no bolso. Saí do jantar e encontrei Léo na Rua das Pedras. Mostrei a proposta, ele adorou e fechamos o negócio. O bar se transformou em uma original atração da rua. Foi construído em 1996 e está lá até hoje. É dos raros sobreviventes de uma famosa rua que, todo ano, fecha e abre dezenas de novos negócios. Apesar de um projeto com área extremamente reduzida e de baixo custo, se transformou em uma grata atração.

O melhor formato para levantamento de custos executivos de uma obra é a realização de uma concorrência com pelo menos três construtoras. Encaminhe o material produzido para as empresas, responda as questões que venham a ser levantadas e atualize as informações com todos os participantes. Por respeito ao trabalho de todos, procure fechar a concorrência com uma avaliação isenta, correta e que saiba escolher, pelos méritos, a melhor proposta.

Captain`s Bar - 2003 (Búzios - RJ)

MUITO IMPORTANTE

Procure trabalhar com empresas que tenham um currículo confiável e com um histórico de qualidade e eficiência na entrega. Para confirmar a participação de um construtor na cotação, consulte referências de trabalhos realizados, levante o contato de clientes recentes e faça as suas próprias consultas.

Nos seus projetos de arquitetura e nas planilhas descritivas devem constar as especificações de materiais e o maior conjunto de informações técnicas necessárias para o levantamento de custos de execução das obras. O projeto deverá detalhar a totalidade do escopo de serviços e, com isso, resguardar não somente o cliente, mas também os construtores. Todo o serviço a ser prestado deverá estar muito bem detalhado para evitar questionamentos posteriores e impactar em custos extras de obra. Sem um projeto preciso, a possibilidade de surgirem distorções e conflitos de informação será inevitável.

ATEN-
DIMEN
TO

16

“Um cliente satisfeito é a melhor estratégia de negócio de todas”

Michael Leboeuf - Autor e administrador americano

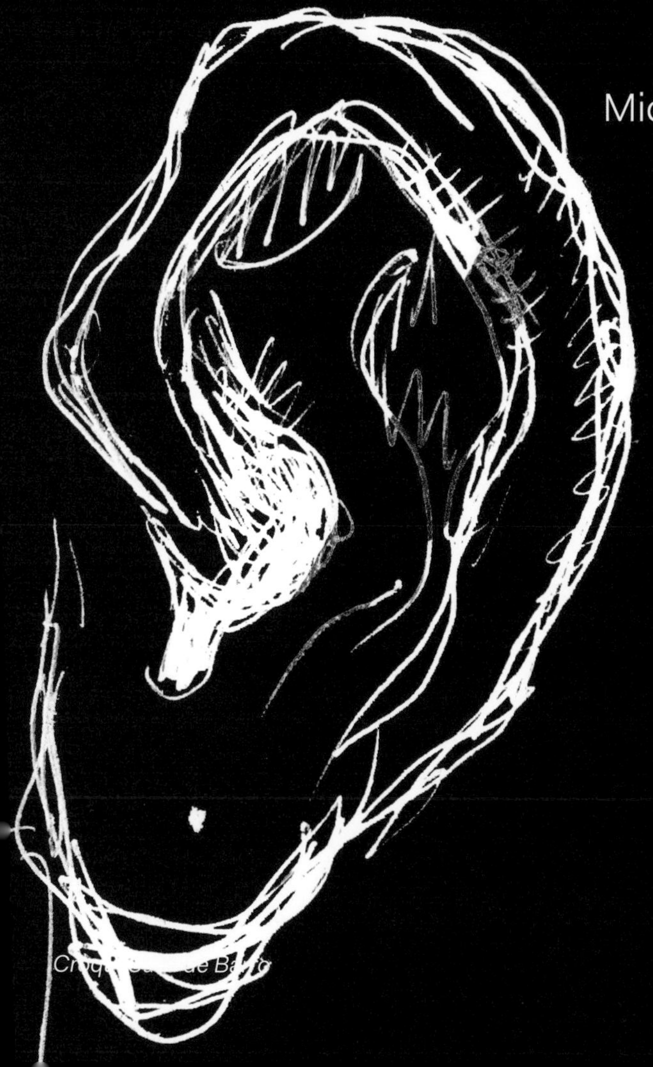

16

Saber honrar **compromissos** e se **relacionar** com pessoas são talentos a serem desenvolvidos. **Compromisso** e **relacionamento** são as bases para um bom **atendimento**.

COMPROMISSO

Mesmo um profissional experimentado não poderá falhar em seus **compromissos**. Cumprir com suas **atribuições**, respeitar **prazos** e entregar com **qualidade** é o que garantirá respeito e fidelização com o mercado. Qualquer construção é sempre uma operação de RISCO. Nenhum empreendedor vai colocar seus investimentos nas mãos de um profissional pouco confiável. Projetos e obras fazem parte de uma teia entrelaçada de metas, prazos e entregas. Precisamos cumpri-los com máximo rigor.

NO PROJETO ARQUITETÔNICO

O serviço desenvolvido pelo arquiteto se materializa na produção de plantas técnicas que definam um projeto funcional e esteticamente surpreendente. Quando envolvido em espaços corporativos, o escritório terá ainda a missão de imprimir uma imagem que valorize e qualifique a marca e o produto do seu cliente. Não basta ser bonito, é preciso funcionar e também **comunicar**. Esse é o nosso comprometimento.

JUNTO A CONSTRUÇÃO CIVIL

Pela experiência adquirida, o arquiteto deverá estar disponível para atender o cliente nos processos de apresentação de construtoras, indicar possíveis fornecedores, apoiar na consulta de valores e no aconselhamento das contratações dos responsáveis pelas obras civis. Posteriormente, vai precisar estar atento e participativo no acompanhamento das obras e na produção de revisões técnicas de projetos. Não necessariamente seremos os responsáveis por supervisionar e coordenar as obras, mas devemos estar ligados no apoio ao cliente e ao conjunto de técnicos envolvidos na operação.

Se o escritório não estiver atento ao cumprimento destas atribuições poderá, em curtíssimo prazo, perder credibilidade e confiança. Se recuperar de uma situação de descrédito no mercado é muito difícil. Seu posicionamento como arquiteto e profissional precisa estar sempre em alto padrão de eficiência.

CONFIANÇA É UMA CONQUISTA DIÁRIA

Vá até o fim da empreitada com a máxima dedicação e com o **mesmo entusiasmo** com que começou.

Será mais um importante diferencial de fidelização com o cliente. Não esmoreça na importante atividade de saber atender bem e com eficiência.

Quando se envolver com projetos corporativos de maior porte, fique atento e prepare sua equipe. Normalmente, você deverá prestar atendimento a dois ou três funcionários da empresa que farão o acompanhamento dos serviços. Todos respondem a algum chefe que, provavelmente, será também muito exigente. A função deles é defender os interesses e a qualidade dos produtos. Com isso, estarão defendendo seu próprio emprego. É a função deles. Saiba lidar com esse tipo de situação, tenha paciência, saiba ouvir, seja extremamente crítico com o seu próprio trabalho e atue com a **máxima diplomacia**. É o melhor caminho para transformar uma atividade profissional em uma relação social perene.

No mercado, é importante entender que seu histórico de bom atendimento e eficiência não garante fidelidade eterna. A boa prestação de serviços é uma cobrança permanente e diária. A concorrência é grande e basta uma brecha para você perder o negócio. O MERCADO é cruel e pragmático. Não há espaço para falhas. Ganhar uma segunda chance é um luxo. Não descuide, não seja preguiçoso, se prepare para superar desafios e tenha o compromisso da entrega.

Recebemos o convite para desenvolver o projeto executivo, fabricar as estruturas, montar e coordenar a operação do pavilhão do Qatar para a Rio+20, no Rio de Janeiro. O estudo preliminar foi desenvolvido pela filial de Nova York do escritório inglês Grinshaw. Construir os espaços internos e a cenografia do pavilhão não seria nenhuma questão se não fosse pela necessidade de FABRICAÇÃO e MONTAGEM de uma cobertura tensionada com área de projeção de $500m^2$ e em um prazo total de entrega de 25 dias.

Para construir a cobertura em tempo recorde, convidamos o especialista Nelson Fiedler. Uma cobertura dessas exigiria, para projetos, sondagens, detalhamentos, fabricação e montagem, no mínimo 60 dias. Foi uma das aventuras mais IRRESPONSÁVEIS que já topei participar. Nelson e sua equipe trabalharam dia e noite, por dez dias consecutivos, para fabricar as estruturas metálicas e a lona de cobertura. À medida que as peças eram fabricadas, embarcavam em caminhões em São Paulo rumo ao Rio. Os investimentos eram muito elevados e, apesar das enormes dificuldades para cumprir os prazos e garantir qualidade, o cliente não admitiria falhas. Deu tudo certo, mas todos da equipe da Fiedler e da CICLO deram a alma para essa realização. Foram 25 dias de muita pressão. Arrancaram nosso escalpo, mas entregamos com louvor e comemoramos com uma festa maravilhosa ao final do evento.

RELACIONAMENTO

Pouco vai adiantar ter talento e dedicação se você não souber se relacionar de forma produtiva e atraente com as pessoas. Isso serve tanto para a vida pessoal quanto para o convívio com o mundo corporativo.

Um comportamento que considero relevante em um profissional é ser, sem exageros, uma pessoa **positiva** e **agradável**. De preferência bem **informada** e que traga bom **conteúdo**. Para completar, pessoas equilibradas são sempre um bom sintoma de maturidade. Esse tipo de gente não se inventa, se **constrói**. É uma conduta que se conquista através da observação, do interesse e de uma vontade de se formar, não apenas como um profissional competente, mas como um cidadão coerente e que gosta de se relacionar bem com as pessoas.

É uma formação que não se ensina em sala de aula, mas que se aprende na **rua**. É aquilo que **você** escolhe para ser parte visceral do seu **DNA**. É o que vai, no futuro, definir sua personalidade.

Construção e finalização Pavilhão Qatar - 2012 (Rio+20)

Desde a escolha das amizades, passando pela leitura, pelos filmes, shows ou peças teatrais que você escolheu assistir, seus ídolos inspiradores, suas referências sociais, os locais que frequenta, o conteúdo a ser pesquisado e todo tipo de atividade ou movimento que você escolher, pode fazer toda a diferença na sua formação. Viajar também será sempre uma fonte inesgotável de conhecimento e experimentação. **Formação** não tem início, meio ou fim. O interesse por conteúdo deve ser uma atividade do nosso cotidiano e um diferencial relevante de amadurecimento. Essa formação será testada no momento de realização da sua atividade profissional.

Durante o período de desenvolvimento de projetos e de realização de obras, você e o cliente vão se reunir duas, três, quatro ou mais vezes por mês. É importante transformar esses encontros em uma celebração criativa, produtiva e agradável. Evite trazer reclamações, lamentações ou assuntos desagradáveis sem fundamentação técnica ou coorporativa. O que nada tem a ver com alienação. Mesmo uma questão delicada pode ser colocada de forma equilibrada e consciente. Procure transformar um encontro corporativo em uma atividade social extremamente produtiva. Temos a função de levantar questões, mas também de sempre buscar as melhores soluções.

Em um escritório ou em qualquer espaço corporativo, é importante ter cuidado com posicionamentos ou comentários pessoais, principalmente sobre outros profissionais envolvidos no trabalho. Procure tratar dos assuntos técnicos ou artísticos de forma mais conveniente possível, mas atenção no trato com questões pessoais internas. Aprenda a agir da forma sábia e diplomática no trato com pessoas. O ser humano é um bicho complicado e, em hipótese alguma, posicionamentos ou interesses pessoais podem prejudicar o negócio. Aprender a se comportar em um processo corporativo é um ensinamento a ser apreendido.

Pessoas grandes falam sobre IDEIAS

Pessoas medianas falam sobre COISAS

Pessoas pequenas falam sobre outras PESSOAS

Acorde para trabalhar com o vigor da juventude e durante o correr do dia se alimente de entusiasmo. Trabalhar em equipe deve ser encarado como uma oportunidade de expansão de seus conhecimentos e de formação de novas amizades. Trabalho é uma atividade para ser vivenciada com **prazer** e **responsabilidade**.

Quem não viu, não perca o filme italiano "A VIDA É BELA", de Roberto Benigni.

Aprender a se relacionar em grupo e a conviver com as pessoas é uma **disciplina** a ser incorporada no universo profissional. Vamos conhecer pessoas sensacionais e certamente faremos grandes amigos, mas, eventualmente, um **chato** vai cruzar pelo nosso caminho. Se nesse convívio você tiver que "engolir uns sapos", faça-o com a máxima diplomacia. Muitas vezes, manter o silêncio pode ser a melhor solução. Descubra a forma de reverter, com maturidade, uma situação desconfortável. E muito cuidado para não ser você a se tornar o chato no negócio.

Conseguir reverter um conflito interno de relacionamento é uma conquista do bom uso da inteligência. Não tenha dúvidas, é também um jogo em que precisaremos aprender a lidar com o movimento das peças.

Mais de uma vez já tive o ímpeto de mandar muita gente para o espaço. Mas optei por controlar as emoções mais primitivas, respirei fundo, me acalmei, observei e pensei muito antes de responder. Muitas vezes, o silêncio é a melhor opção. Tenha cuidado com respostas ou mesmo com e-mails precipitados e emotivos. Em questões delicadas, controle suas emoções e, se for o caso, deixe para escrever uma resposta alguns dias depois. E-mails ficam registrados e podem ser fortes elementos de desavenças, ou de união. É um instrumento importante e que deve ser tratado com a devida atenção. Não é aconselhável agir no calor das emoções. Escreva e reescreva uma resposta até perceber que chegou a um posicionamento extremamente consciente, seguro e apaziguador. Quanto mais curto e objetivo, melhor. É um jogo. Aprenda a jogar o quanto antes e isso vai ajudar demais na sua caminhada. Estimular negativamente um conflito pessoal interno só atrapalha. Não somos pagos para isso e, sim, para transformar inteligência em um bom produto.

MUITO IMPORTANTE

. Evite criticar terceiros. Você nunca poderá prever qual a reação do seu interlocutor.

. Não alimente inimizades. Muito provavelmente, em um futuro próximo e em cenário diferente, você poderá reencontrá-lo do outro lado da mesa. Da inteligência popular: "Nunca se sabe o dia de amanhã".

. Procure adotar princípios e atitudes que garantam a promoção de um agradável e produtivo relacionamento no trabalho.

. Evite participar de polêmicas ou fofocas pessoais internas ou externas no local de trabalho.

. Estimule os profissionais do escritório a conviverem de forma simpática e atenciosa com os parceiros, colegas e com o cliente.

. Quanto mais autêntico, sincero e eficiente você estiver atuando no mercado, maiores serão as chances de fidelização com os clientes.

. Todo mundo gosta de ser bem atendido. Em muitos casos, o atendimento e a confiança têm valor determinante na contratação de um profissional.

Do desenvolvimento de um PROJETO à conclusão de uma OBRA serão consumidos meses, ou até anos de trabalho. É um processo extremamente longo, que envolve dezenas de pessoas e exige a análise diária de inúmeros pequenos detalhes. É um processo desgastante, no qual nosso equilíbrio poderá ser testado ao limite. Prepare-se para encarar todo tipo de gente e de adversidade.

"Hay que endurecer, pero sin perder la ternura jamás" – Che Guevara

Uma coisa é certa: quando se encontra um profissional talentoso, responsável, correto e que sabe se relacionar com o grupo, ninguém troca. Será um parceiro para o resto da vida.

A amiga Ana Luisa Anjos comprou um terreno em Morro de São Paulo na Bahia e queria fazer uma casa diferenciada. Estava com recursos muito reduzidos e apresentei a proposta do que seria a minha primeira casa de barro. Ela topou e colocamos a casa de pé. Fui a Morro de São Paulo duas vezes, com recursos próprios e não cobrei honorários. Muito agradecida, a Ana foi uma amiga que se empenhou muito em divulgar e apresentar nosso trabalho para vários clientes que vieram a nos contratar.

Bar do Zeca - 2018 (RJ)

Conheci Sergio Lopes e Paulo Pacheco, os empresários responsáveis pelo **Bar do Zeca Pagodinho** e, em menos de três meses, inauguramos a primeira filial do **ZECA**. Nosso relacionamento foi excelente e, pouco antes de abrir a casa, organizaram uma super festa no meu aniversário. Nos tornamos amigos e no ano seguinte projetamos duas novas filiais no bairro do Flamengo. Independente da qualidade do projeto, podem ter certeza que o atendimento, a confiança, a boa parceria e a amizade são os melhores resultados que vamos colher nessa jornada.

EMPRE-
ENDEDO
RISMO

17

“Independente do que você faça, seja diferente. Este foi o conselho de minha mãe e eu não consigo pensar em um aviso melhor para um empreendedor. Se você for diferente, você se destacará”

Anita Roddick - Fundadora da The Body Shop Fim Rohn

17

Quando falamos em CONTRATO, é possível que estejamos pensando em atuar, mesmo que eventualmente, de forma independente no mercado e assinando nossos projetos com um novo cliente.

MUITO IMPORTANTE

Se quiser se tornar um profissional independente, na arquitetura ou em qualquer outra atividade, é preciso estar preparado para enfrentar momentos de bons rendimentos e, muitas vezes, situações bastante adversas. Em qualquer negócio que esteja atuando como empreendedor é bom se preparar para enfrentar todo tipo de maremoto. Todo mundo que conseguiu levantar um negócio bem-sucedido já passou por dificuldades. Quem está vivo no mercado já ganhou, perdeu e teve disposição para se levantar novamente. É um aprendizado sem apostilas, sem mestres, sem regras estabelecidas e, pode ter certeza, será um aprendizado eterno. Tenha consciência de que:

NUNCA ESTAREMOS SUFICIENTEMENTE PREPARADOS.

Gostar não será o suficiente, pois é preciso ter muita atenção e **disciplina** para correr **riscos**. É preciso ter **coragem** e muita **disposição**.

Da cultura popular:

MAR CALMO NUNCA FEZ BOM MARINHEIRO

Para montar escritório próprio, você estará optando por se tornar um empresário. Esteja determinado e preparado para doar, por anos consecutivos, muito do seu tempo e da sua energia com todo tipo de dificuldades que envolvem a gestão empresarial. Isso vai exigir muito empenho para encarar a tarefa desgastante de gerir e conviver com toda a burocracia que envolve um negócio próprio. Não é tarefa para pessoas acomodadas. É trabalho para um seleto grupo de sonhadores e de pessoas extremamente determinadas.

O empresário não tem horário de trabalho. Ele estará à disposição do negócio sempre que for necessário. É claro que descansamos nos fins de semana, mas sempre vamos levar tarefas para casa. O empreendedor precisa estar permanentemente antenado, ter habilidade para lidar com pessoas, saber buscar novos mercados, superar dificuldades, muita atenção para lidar com recursos, entender de planejamento e paciência para atender a "burrocracia" brasileira. É isso mesmo. Nossa burocracia está evoluindo, mas ainda é burra, burocrática e comprometida com clientelismos. Aponto que nos últimos anos tivemos alguma evolução. Mas ainda falta.

Muitas vezes, será preciso transformar o período de um ano em dois. Como? Trabalhando em dobro. É o único caminho para alcançar bons resultados. Ao mesmo tempo, não é nenhuma garantia. Para conquistar o mercado será preciso investir muito em projetos de risco, inventar negócios e criar soluções para comercializar produtos e iniciativas autorais.

Dedicação é fundamental, mas cuidado com a ansiedade. Gostamos de conviver com pessoas comprometidas, positivas e entusiastas, mas, em se tratando de negócios, o equilíbrio profissional é uma garantia de credibilidade, principalmente em momentos de dificuldades financeiras ou de crises. Será principalmente nas dificuldades que seremos testados.

Por três vezes, passei momentos muito difíceis. O primeiro foi quando, ainda na juventude, optei por produzir uma peça teatral e fui obrigado a vender meu carro para quitar dívidas. Anos depois, entrei acidentalmente na empreitada para montar uma casa noturna em Búzios. Eram umas sete pessoas diretamente envolvidas. Em três meses, o negócio foi obrigado a fechar e deixou uma dívida de 1,5 milhões de reais. Todos correram, mas, como os contratos e compromissos estavam assinados pela CICLO, fui obrigado a assumir sozinho o prejuízo. Tive um ano seguinte muito, muito, muito ruim e ainda carreguei pendências por mais dois anos. Faltou de tudo, menos vontade e determinação para superar. Mais recentemente, com a crise de 2016, fui obrigado a redirecionar o sistema operacional da CICLO para conseguir garantir resultados. Depois de meses consecutivos muito apertados, de promover um trabalho de otimização dos custos, de redirecionar nosso formato operacional, de trabalhar de forma hercúlea e de manter uma busca incansável pelo mercado, conseguimos sair melhor e mais forte.

"O fracasso é somente a oportunidade de começar de novo, e de forma mais inteligente" - Henry Ford, fundador da Ford Motor Company

EQUILIBRIO

A forma como você se relaciona com as pessoas é outro ponto a ser trabalhado. Simplicidade pode, à primeira vista, soar como uma atitude submissa. Mas não é. Simplicidade é sinônimo também de respeito, de inteligência e de equilíbrio. Ninguém é melhor que ninguém. Costumo receber ótimas referências ao meu trabalho em função da forma fácil, igualitária e respeitosa com que me relaciono com todos os envolvidos na atividade profissional. Você pode ganhar pontos relevantes sendo uma pessoa atenciosa, educada e de fácil relacionamento. A disposição para conseguir resultados na vida profissional deve ser acompanhada de uma atitude prestativa, equilibrada, e amigável com seus pares e com os clientes.

SEJA POSITIVO

Em hipótese alguma se deixe vencer pela preguiça ou pelo pessimismo, principalmente nos momentos mais difíceis. Trabalhar com pessoas que reclamam do chefe, da empresa, do cliente ou dos colegas é outra chatice. Saiba escolher seus parceiros e procure estabelecer permanentemente uma atitude positiva no trabalho. Principalmente em momentos de crise, mantenha-se atento, vigoroso e otimista.

FORÇA

Por fim, tenha saúde para vencer o desgaste. Bom humor, pois sem ele, não se consegue nada. Espírito comercial para entrar no mercado. Criatividade nas iniciativas coorporativas. Marketing externo para ganhar visibilidade. Paciência, pois as conquistas levam muito tempo. Atenção redobrada para não deixar furo nas entregas. E muita disposição para trabalhar de janeiro a janeiro e de segunda a segunda.

Fomos convidados para executar as estruturas cenográficas do RIOZOO. O ano era 2017 e a crise no nosso setor estava no seu auge. Precisávamos de um bom contrato. Investimos na contratação de cinco arquitetos por um período de quase oito meses produzindo estudos, fazendo revisões de projetos executivos e formatando planilhas orçamentárias de fabricação e montagem de cenografia. Depois de longos e custosos dez meses, toda a equipe de gestão do RIOZOO foi trocada. O trabalho foi todo perdido. Fizemos um enorme investimento em um momento de forte crise no mercado. E do dia para a noite, a oportunidade simplesmente se evaporou.

Entrou a nova gestão e, por acaso do destino, o novo diretor Fernando Menezes soube do nosso empenho e nos convidou para gerenciar o fechamento dos projetos executivos do ZOO. Já tinham um projeto e muito evoluído. Pedi 15 dias para fazer um levantamento da situação e entender o projeto.

Findo o prazo de 15 dias, procurei Fernando e disse:

- Cara, temos um problema sério. Esse projeto está errado desde a sua concepção. Ele foi desenvolvido sem levar em conta a topografia do local, as árvores, os relevos e as estruturas civis existentes. E estamos falando de um parque coberto de árvores. As construções e as estruturas previstas em projeto vão destruir completamente a cobertura vegetal existente e a obra vai custar uma fortuna só em movimento de terra.

Vale destacar que, quando fomos chamados, recebemos a informação de que nada poderia ser mudado em projeto. Era fundamental apenas fechar os executivos. E, do nada, cheguei dizendo que o projeto desenvolvido seria um verdadeiro atentado ambiental. Cheguei a colocar que não poderia seguir nessa operação pois o resultado seria trágico.

Depois de análises mais detalhadas junto ao grupo, optamos por produzir um novo projeto. Este, assinado de raiz pela CICLO. Desenvolvemos um trabalho único e espetacular. Em julho de 2020 o Rio de Janeiro vai começar a receber seu novo BIOPARQUE do RIO.

Foi um somatório de **persistência**, **coragem**, **risco**, **determinação** e muita **força** para levantar a bandeira de renovação de um projeto praticamente concluído. O meu posicionamento poderia colocar tudo a perder. Queríamos e precisávamos daquele contrato. Foi um jogo também de respeito ao cliente. Queria deixar claro que eles teriam problemas sérios se seguissem com o projeto original - mesmo que eu fosse afastado. Mas agi com o que considerava correto.

Crie, desfrute, realize, vibre, divirta-se e aproveite ao máximo as oportunidades. A cada ano, renovo minha disposição e reinvento meus objetivos para conseguir viabilizar os sonhos e os projetos ainda mais mirabolantes que chegam ao escritório. Perco fins de semana, feriados e saio **satisfeito** com os resultados.

ADORO SEGUNDA-FEIRA!

BIOPARQUE do RIO - Répteis (Jacarés e Pitons) - 2019-2020 (RJ)

BIOPARQUE do RIO -Recinto Pequenos Primatas - 2020 (RJ)

BIOPARQUE do RIO - Pré-Show Aves - 2020 (RJ)

BIOPARQUE do RIO -Recinto Primatas - 2020 (RJ)

BIOPARQUE do RIO - Pré-Show Felinos - 2020 (RJ)

BIOPARQUE do RIO -Pré Show Primatas - 2020 (RJ)

LOCAL M

RKET

O LOCAL MARKET será um moderno centro gastronômico com pegada industrial mas, com o diferencial de imprimir um design arrojado à cultura das tradicionais construções fabris da revolução industrial. Foram meses e meses desenvolvendo o projeto e apoiando o empresário Sergio Lopes na viabilização do empreendimento. Durante esse periodo, a CICLO não recebeu qualquer remuneração, mas era um projeto que queremos colocar de pé.

Local Market - 2020 (RJ

CO-
MER-
CIAL

18

“Não espere por uma crise para descobrir o que é importante em sua vida”

Platão - Filósofo da Grécia Antiga

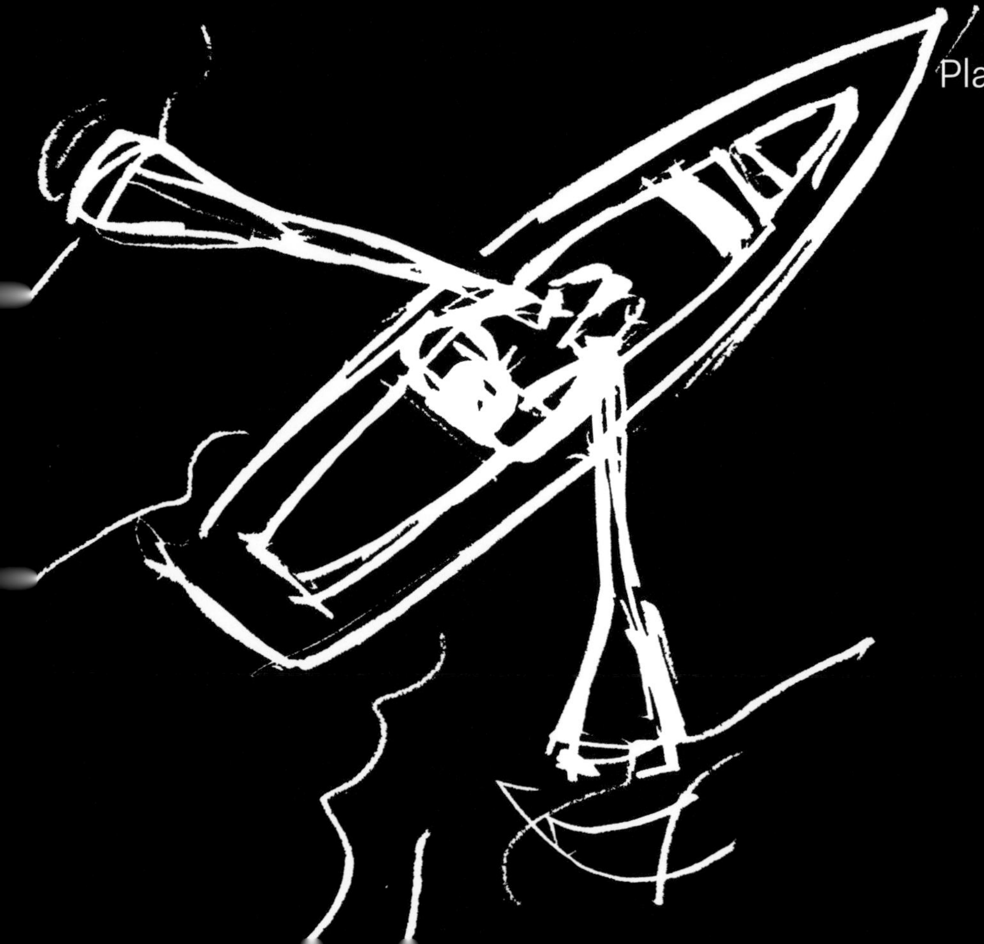

18

Ficar esperando as coisas acontecerem pode render muito pouco. Mesmo não sendo sua maior habilidade, **vender** será preciso. Mas vender o que? Como? Como formar currículo? Por onde começar?

SOFTWARES

Todo estudante em fase de formação deve se empenhar em aprender a operar com eficiência os programas AutoCAD, Corel Draw, Photoshop, Sketchup, Illustrator, e a produzir e finalizar imagens com o 3D Max. São os softwares atuais que envolvem a produção e finalização de projetos de arquitetura. A habilidade de operar com eficiência estes programas é um instrumento básico para ingressar na atividade profissional. Participar como estagiário em um escritório de arquitetura é o segundo passo. Quanto mais cedo, melhor. Mesmo que seu objetivo seja criar o seu negócio próprio, o estágio em um escritório de arquitetura será fundamental para você conhecer o funcionamento de uma empresa atuante no mercado. A oportunidade de praticar junto a especialistas vai ajudá-lo a aprender a se relacionar com terceiros, cumprir metas, atender prazos e a conviver com o mundo corporativo.

APRESENTAÇÕES

Na época da minha formação, tínhamos que nos contentar apenas com o grafite e as canetas coloridas. Ganhava pontos quem tivesse habilidade com o desenho manual. Hoje, com o volume de softwares, fica mais fácil criar uma boa prancha de apresentação. Capriche na produção de todo e qualquer material que venha a ser encaminhado para um possível cliente. Um material bem formatado conta pontos importantes. Faça-os como se estivesse participando de uma concorrência e entre para **ganhar**. Quando abrimos espaço para arquitetos e estagiários, sempre verificamos a habilidade com os softwares e pedimos para ver os trabalhos profissionais, acadêmicos ou mesmo pessoais já produzidos. Um portfólio de trabalhos com boa apresentação é sempre um conforto para quem contrata.

BOOK

Produza um **book** criativo, elegante, de fácil visualização e, de preferência, compacto. Procure mostrar o que tem de melhor. Uma apresentação curta e impactante vale muito mais do que uma enxurrada de informação. Independentemente do design, da arte ou mesmo da criatividade dos projetos, um tratamento qualitativo no material de apresentação já define um padrão de qualidade do seu serviço.

Quando fui diretor do Núcleo de Multimídia da universidade Estácio de Sá, recebia alunos que, graciosamente, participavam das atividades extracurriculares do departamento. Em poucos meses, eles ganharam experiência prática e produziram um grande volume de material audiovisual. Souberam aproveitar uma atividade gratuita oferecida pela universidade e montaram seu primeiro currículo de trabalho.

Eram apaixonados pelo que faziam e tinham motivação e objetivo de produzir e realizar. Descobriram e souberam aproveitar o que o curso oferecia e foram à luta. Era fácil perceber que aquele grupo teria um futuro promissor. Esse é o diferencial e, certamente, eles serão reconhecidos por isso. Meu pai costuma dizer:

Adoro trabalhar com amadores porque, antes de tudo, são aqueles que amam.

NEGÓCIOS

Existe uma dificuldade, ou talvez uma resistência do artista em saber se relacionar de forma operacional e burocrática com **negócios**. Somos prestadores de serviços, desenvolvemos produtos e vamos precisar aprender a **vender**. Devemos estabelecer nossas estratégias de MARKETING, de COMUNICAÇÃO e as metas de COMERCIALIZAÇÃO. Como qualquer outro negócio, um escritório é uma empresa e precisa pagar contas e viabilizar o seu crescimento.

Mas, como vender arquitetura?

Como encontrar alguém que possa conhecer o escritório, entender o potencial do produto e comercializá-lo? Certamente, não é uma atividade tão simples como desejaríamos. Muitas vezes, o representante de vendas do seu escritório será o responsável por um primeiro contato com um possível cliente. Olha só a responsabilidade desse cara. Ele poder abrir ou, ao mesmo tempo, fechar por completo uma porta para sua empresa. Ele estará ali representando, de fato, o DNA do seu negócio.

Quem poderá ser esse representante?
Como selecioná-lo?
Ele estará suficientemente treinado?
Terá conhecimento do seu histórico?
Terá afinidade com a atividade da arquitetura?

Sendo muito sincero, em 25 anos de escritório, ainda não tivemos o privilégio de ter um consultor comercial que represente o nosso espírito de trabalho.

Somos eu e Juliana a levantar possibilidades de contato, carregar o iPad para todos os lugares e aproveitar qualquer oportunidade para apresentar a CICLO.

Fomos indicados para fazer um trabalho apenas de fechamento de três grandes vãos nas obras de recuperação do Hotel Nacional, no Rio de Janeiro. Deveríamos criar soluções de painéis de fechamento e definimos uma arte visual para forrá-los. Um trabalho nada atraente ou especial. Apenas painel e fechamento.

No processo, conheci o diretor do grupo investidor e o diretor de projetos especiais da rede hoteleira. Apesar de ser um serviço sem grande valor arquitetônico, mantivemos uma atenção dedicada e eficiente com o cliente. Fomos ganhando confiança e, em determinado momento, abri o iPad e pude apresentar nosso book. Passados poucos dias, fomos sondados pelo grupo para projetar o rooftop da cobertura do hotel. Ainda no risco, produzimos uma imagem espetacular e acabamos sendo contratados para realizar o projeto. Mais na frente, o diretor da rede hoteleira me indicou para um futuro empreendimento.

O importante dessa história é perceber que o convite era inicialmente para um trabalho do tipo "tapa buraco". Ou seja, zero interessante. Com dedicação e uma boa atitude de relacionamento, levantamos um projeto espetacular e novos contatos de trabalho.

Encontrar e formar um profissional de vendas nunca foi uma tarefa fácil. Fizemos várias tentativas até perceber que seríamos nós os principais vendedores do nosso produto. Eu, arquiteto, e minha sócia, Juliana Andrade, publicitária, decidimos encarar mais essa missão e passamos a dirigir a nossa área comercial. Foi quando realmente o negócio começou a andar com mais vigor. Dedicávamos dias consecutivos conversando sobre como agendar um novo contato. Começamos a levantar oportunidades de negócios nos lugares que visitávamos e ampliamos nossa ação corporativa. Não que este seja o objetivo, mas, como diz mais um ditado popular: "Quem não tem cão, caça com gato". Mas vai à luta com confiança e determinação.

Rooftop Hotel Nacional - 2015 (RJ)

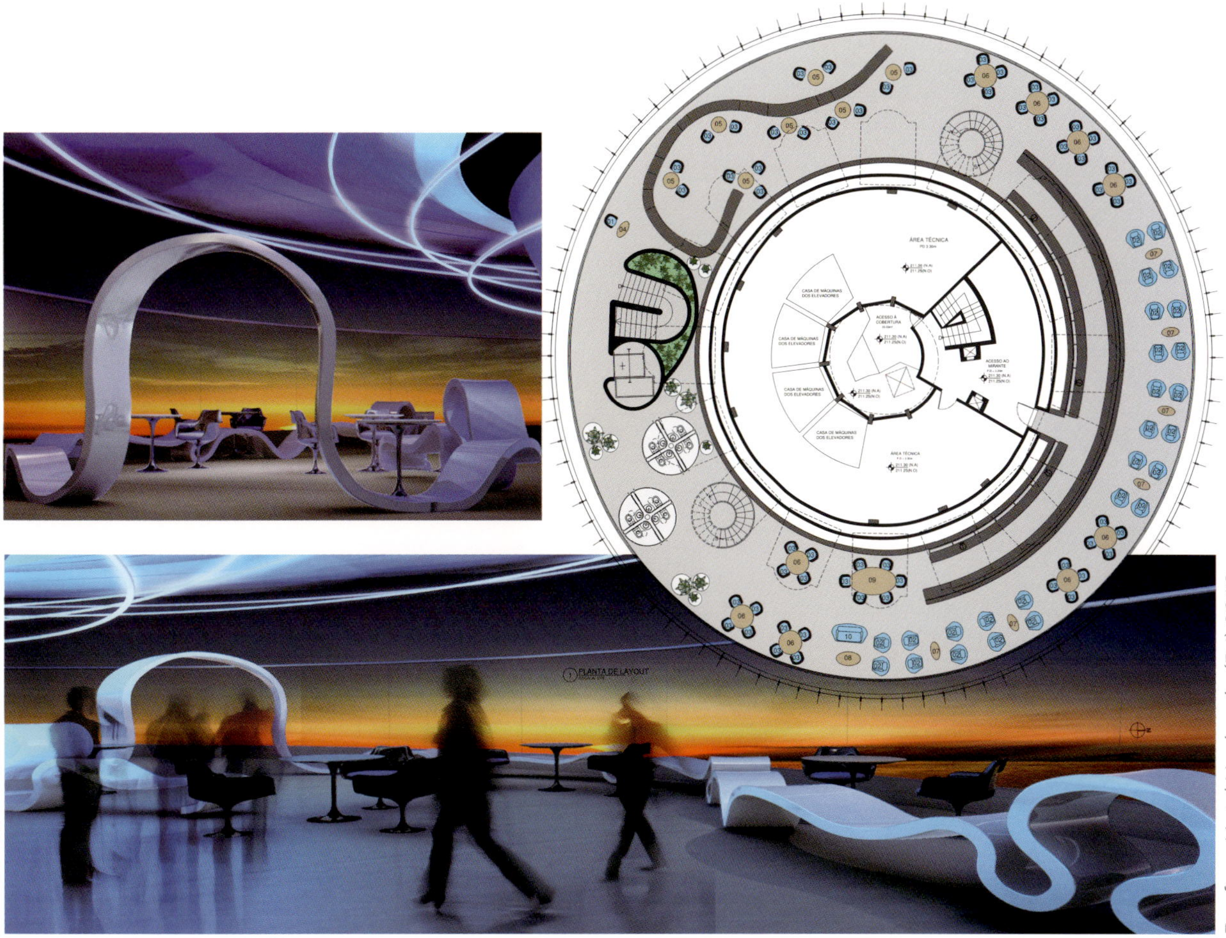

Rooftop Hotel Nacional - (RJ) 2018

Esteja antenado com o mercado local, com a cidade onde mora e com as oportunidades que possam surgir. Procure observar também como você pode ter algo a oferecer.

Natal também virou um produto na CICLO.

Depois do Natal da Amil veio o Riodesign, MasterCard, TIM e o natal virou um produto simpático de final de ano. Mesmo sem um pedido direto de projeto, passamos a desenvolver ideias e apresentar para possíveis clientes. Para o CasaShopping, criamos a proposta de montarmos uma Exposição de Arte Contemporânea inspirada na temática do natal. O projeto foi aprovado e convidamos arquitetos, designers, artistas plásticos, artesãos e grafiteiros para montar a exposição.

As oportunidades estão por toda parte. Você precisa estar atento e com disposição para ver, pensar, criar e produzir uma apresentação. Em jornais, revistas, em uma publicidade ou em um encontro casual pode estar escorrendo por suas mãos uma possibilidade de negócio. Qualquer tipo de informação, de conteúdo ou de

Fomos indicados pela ARTPLAN para apresentar a proposta de uma mega árvore natalina para a AMIL. Desenvolvemos a proposta de uma estrutura metálica, com 25 metros de altura, em forma de um DNA, que era a logomarca da empresa de plano de saúde. Ganhamos, e a mega escultura contemporânea foi destaque na Barra da Tijuca.

Natal Amil - (RJ) 2006

relacionamento pode ser transformado em uma futura relação de trabalho. Mas, para isso, você precisa estar ligado, atento, curioso, disposto e motivado pelo espírito **comercial**. De nada adianta ter um ótimo produto se o mercado não sabe da sua existência. É fundamental desenvolver prazer pela realização da **venda**.

Natal Casa Shopping - 2015 (RJ)

A VENDA

Quando estiver formatando uma apresentação para um possível contato, ajuste o material do book ao perfil do cliente. Para o encontro, pesquise sobre a empresa, seu histórico e seus produtos. Ganha pontos chegar a uma reunião com conhecimento do negócio do possível cliente. Isso vai demonstrar atenção e preparo no atendimento. O Google está aí para facilitar sua pesquisa. A pessoa que estiver do outro lado da mesa vai saber pontuar um prestador de serviços que esteja bem informado.

Outro ponto de destaque é saber lidar com a dinâmica da apresentação. Cada empresa possui um DNA específico e cada cliente uma personalidade diferenciada. No encontro, você vai precisar definir a postura a ser adotada no momento em que o cliente entra na sala e aperta sua mão. Isso é uma arte que não tem preço e pode ser decisiva. Nesse curto espaço de tempo, você vai precisar ter a sensibilidade de um comunicador e a habilidade de um artista. Conteúdo e emoção bem dosados farão a diferença. Não é tarefa fácil ser um bom vendedor, mas é fundamental para seu negócio. Muitas vezes, por questões pessoais ou profissionais, o possível cliente pode recebê-lo em momento de péssimo astral. Acredite que você terá condições de reverter esse quadro. Você não pode perder uma oportunidade.

Saiba por onde começar, como conduzir e tenha capacidade para adaptar sua apresentação a um simples comentário do cliente. Seu material multimídia deve ser ágil e de fácil manuseio. O cliente pode colocar uma necessidade e, imediatamente, você se lembrar de um produto que se encontra em outra pasta. Enquanto mantêm a pauta em alta na conversa, será preciso acessar com agilidade a nova referência.

A objetividade é fundamental. Não estenda uma reunião mais do que o necessário e saiba a hora de concluir. A venda vai exigir muito da sua sensibilidade, da sua inteligência, do seu conhecimento, da sua capacidade de relacionamento e, claro, da sua motivação. Aprenda a transformar um encontro em algo realmente produtivo e agradável.

Operar uma atividade comercial eficiente no setor de arquitetura não é fácil. Normalmente, é um ponto fraco da maioria dos escritórios. Ficar contando com a difusão natural de uma forte imagem no mercado para alavancar o negócio pode não funcionar conforme esperado. Desenvolva a habilidade de atuar comercialmente e tenha consciência que você será sempre o melhor vendedor do seu produto.

É importante também manter uma estreita relação com as mídias (jornal impresso, revistas especializadas e redes sociais). Para isso, contamos com a assessoria de imprensa dos amigos Leon Rodrigues e Cristiano Capel, da News Assessoria. É um instrumento fundamental para garantir um nome no mercado. Sou grato demais ao carinho, atenção e empenho da News. Somos parceiros fiéis de longa data e grandes amigos.

Na crise, uma janela para reduzir gastos e ganhar qualidade

João Uchôa *

Entre 2015 e 2018, a crise econômica derrubou o setor da construção civil. Sem dinheiro em caixa, comprar, construir ou reformar um imóvel ficou em terceiro plano. O mercado literalmente parou. Na CICLO Arquitetura, os projetos de grande e médio porte simplesmente desapareceram. Os de pequeno porte não suportavam 10% das contas do mês. O escritório começou cortando planos de saúde, reduziu as escalas de trabalho e, por último, decidiu pela desmobilização e o desligamento de pessoal.

Do efetivo de 27 arquitetos que tínhamos em 2016, reduzimos para apenas três. Em março de 2018, os contratos voltaram a aparecer e começamos um processo de recontratação do time. Mas, diferentemente do formato operante de CLT, a crise nos mostrou alternativas mais viáveis para se recuperar das enormes perdas acumuladas.

Assessoria de imprensa

ADMI-
NISTRA-
ÇÃO

19

"Comandar não significa dominar, mas cumprir um dever"

Sêneca - Filósofo e escritor do Império romano

19

Com a evolução dos negócios, será de extrema importância começar a montar o setor administrativo. Existe uma sequência de planilhas administrativas que vai facilitar o controle das suas contas, os pagamentos, as compras e o controle de gastos. Os procedimentos administrativos são complexos e envolvem ainda controle fiscal, impostos, taxas e contabilidade.

MUITO IMPORTANTE

É fundamental ter uma pessoa de extrema confiança na administração do seu negócio. Como proprietário e diretor de uma empresa, você vai precisar conhecer, conviver e aprender a jogar com esse segmento da atividade empresarial. Tanto como a comercial, administrar é outra tarefa que foge completamente do nosso foco de trabalho. Mas em hipótese alguma fique achando que poderá abandonar o entendimento e o acompanhamento dos números. Isso jamais. Se tiver um escritório, se prepare para gostar do assunto.

Uma administração não vive somente de emitir notas fiscais e recibos de prestação de serviços. É bem mais complexo. Você não terá como fugir de um infinito mar de números, papéis, impostos, legislações, questões trabalhistas, obrigações burocráticas, questões contábeis, contratações, pagamentos, fechamento de livros, imposto de renda, taxas, bancos, juros, empréstimos, sociedade, contrato social, alvará, e por aí vai. Tudo isso deverá funcionar bem e ser muito bem controlado nos seus mínimos detalhes.

Se você quer ser uma pessoa livre, então pague seus impostos e se mantenha em dia com suas obrigações legais.

Outra tarefa será encontrar um bom contador. Não é fácil encontrar uma empresa de contabilidade que garanta um perfeito atendimento ao enorme volume de atribuições e burocracias que envolvem a operação contábil. Não fique achando também que o contador vai resolver todas as questões e te garantir conforto e segurança. Não vai! Ele tem vários outros clientes e, se você não se interessar pelo trabalho dele, será esquecido.

Contar com a assessoria jurídica de um advogado também deve começar a fazer parte dos seus planos. O triângulo de proteção ao negócio se fecha com a consultoria permanente das atribuições jurídicas, contábeis e administrativas. Um poderá ajudar o outro a ter maior precisão no entendimento e na definição de questões mais complexas. Claro que esse grupo de profissionais custa caro. Mas todos podem crescer juntos através do pagamento de um valor fixo reduzido por mês.

Crescer nos negócios vai certamente garantir aumento nas receitas, mas, ao mesmo tempo, vai criar novas demandas de serviços administrativos, jurídicos e corporativos. Como consequência, a geração de despesas complementares.

Procure um advogado conhecido para ajudá-lo a formatar um contrato social para sua empresa, formalizar a sociedade, definir e estudar seu enquadramento junto à tributação e verificar com que contribuições sua empresa deverá estar comprometida. Comece um negócio de forma correta e se mantenha em dia. Nada de ficar inventando subterfúgios para fugir dos impostos ou de suas obrigações empresariais.

MUITO IMPORTANTE

Uma boa administração não se resume a pagar contas, mas também a planejar e saber gerir o negócio. Isso inclui a atenção ao equilíbrio da receita com o das despesas.

O melhor resultado não é de quem vende mais, mas sim de quem consegue gastar menos do que ganha.

Esse equilíbrio de vendas, recebimentos, despesas e resultado precisa ser acompanhado diariamente. Em uma empresa, perceber a hora de avançar e o momento de recuar é determinante no resultado do negócio. Um descuido pode se transformar em dívidas e, muitas vezes, resultar em perdas que podem fugir ao controle e ao equilíbrio com as vendas. Todo e qualquer empresário que esteja no mercado há mais de 20 anos já passou por questões complicadas. O convívio com a instabilidade do sistema financeiro brasileiro só amplia o desafio de sobreviver nesse mercado.

Na crise de 2016/2017 eu e o nosso administrador José Carlos Miranda chegamos à conclusão de que deveríamos nos adaptar ao momento e transformar todos os funcionários em prestadores de serviço por projetos pontuais. Os pagamentos dos arquitetos deixariam de ser mensais e passariam a ser quitados mediante o recebimento do pagamento do cliente.

Essas foram algumas soluções de gestão encontradas para sobreviver na crise. Com isso, ficamos extremamente eficientes e sem gordura de gastos e despesas. Uma proposta entendida e aceita por todos da casa. Foi a solução para recuperarmos nossa atividade em 2018. Mas o ensinamento operacional ficou e garantiu melhores resultados para a CICLO e para todos os envolvidos.

Se o seu desejo é ser dono do próprio escritório, então é melhor ir se acostumando com todos esses processos. Você vai precisar se tornar empresário. Tem coragem? Está preparado para ganhar? E para perder? Está disposto a buscar mercado? Vender? Cobrar? Administrar? Gerir? Se não tiver essa disposição, procure alguém de muita confiança para auxiliá-lo como sócio ou gestor.

ÉTICA

20

“O nosso caráter é o resultado da nossa conduta”

Aristóteles - filósofo grego, aluno de Platão

20

Depois de montar uma empresa e começar a operar no mercado, existe um condicionante que pode garantir prosperidade aos negócios e a formação de bons e fiéis parceiros – a **confiança**.

Queria fazer uma referência à **ética** motivada por uma atitude de **respeito** e de **parceria**. São princípios muito valorizados, tanto nas relações pessoais, quanto na prestação de serviços corporativos. Todo e qualquer contratante vai manter as portas sempre abertas para profissionais de **confiança**.

No quesito **ÉTICA**, infelizmente, a sociedade brasileira é ainda muito **primitiva**. Segundo pesquisa recente nos jornais, **40% do dinheiro público é roubado.** Outros **40%** são **desperdiçados.** Uma **vergonha!** Esse é, sem dúvida nenhuma, o principal motivo pelo qual nosso país não vai pra frente. Pelo menos agora estão prendendo os criminosos políticos e empresariais.

Desabafo de Rui Barbosa (1894-1923):

> **"De tanto triunfar as nulidades, de tanto ver prosperar a desonra, de tanto ver crescer a injustiça, de tanto ver agigantarem-se os poderes nas mãos dos maus, o homem chega a desanimar-se da virtude, a rir-se da honra e a ter vergonha de ser honesto."**

Cingapura, nos anos 1990, foi um dos países com maior índice de crescimento do planeta. Coincidentemente ou não, é também um dos países com **menor** índice de corrupção. Não tenho dúvidas de que os fatos estão diretamente relacionados.

Como projetistas, nossa obrigação, para além de desenvolver um projeto de excelência, será apoiar o cliente na contratação de serviços qualitativos e a preços justos. Para viabilizar essa equação é fundamental buscar o levantamento de cotação de valores de obras, serviços e materiais com pelo menos três empresas. Mesmo que você tenha a indicação de um profissional de extrema confiança e responsabilidade, condicione seu cliente a levantar outros valores. É uma atitude que será certamente observada e reconhecida por todos os envolvidos nos processos.

Nada impede que você possa ser parte atuante no fornecimento de algum serviço complementar, de obras ou de projetos que não estejam no seu contrato inicial. Para isso basta participar licitamente das concorrências e das cotações de preços. Se ganhar, ótimo para o seu cliente, que contará com o serviço e a supervisão do próprio arquiteto na obra.

Para estabelecer um padrão de conduta e de atendimento do seu escritório para com os clientes, será necessária a realização de um trabalho permanente de conscientização da equipe. Todos devem conhecer os procedimentos e a proposta de parceria e de apoio ao cliente.

Nosso compromisso, para além da relação de apoio no levantamento de custos, será também o de acompanhar, fiscalizar e cobrar, de todos os envolvidos em projetos complementares e na realização das obras civis, a máxima eficiência na qualidade dos serviços prestados. Precisamos garantir que, um prestador de serviços contratado, garanta a entrega dos materiais especificados em projeto e que sejam instalados segundo um rigoroso controle de qualidade.

Honestidade e confiança são atribuições que valem muito no mercado. É um status de parceria que pode fidelizar uma atividade de trabalho e proporcionar um relacionamento saudável e produtivo por anos consecutivos. Sua reputação será o crédito que você poderá conquistar junto ao mercado depois de muitos anos de um trabalho impecável e de uma prestação de serviço extremamente qualitativa, eficiente e de máxima confiança.

Procure ser muito claro, objetivo e sincero nas suas relações de trabalho. Colabore no levantamento de melhores valores para o cliente, mas nunca coloque em risco a qualidade do serviço. Indique profissionais confiáveis e que saibam se relacionar de forma educada e colaborativa com os protagonistas do mercado. Quando se tratar de questões de segurança, acabamento e durabilidade, seja imparcial e pontue o que considerar mais confiável e seguro. Se possível, procure conviver com equipes e empresas que gostam do que fazem.

Estudo de um novo palco, para um novo projeto - 2018

Minha amizade e parceria de trabalho com o Rock já conta 23 anos de boas histórias. Diga-se de passagem, espetaculares e muito gratificantes. Temos uma média de desenvolvimento de dois a três projetos de grande porte por ano e mais alguns projetos de médio porte. Para colocar de pé as novas ideias, formamos uma parceria no projeto e, se avançar, todos vão se divertir. Corridos 23 anos de intensa produção, nos mantemos amigos, confiantes e parceiros.

Isso também é ética.

MEIO AMBIEN-TE

21

“O homem tornou-se o agente principal das mudanças que ocorrem neste pequeno canto do Universo. O futuro é uma exclusividade nossa. Sendo assim, o futuro dependerá do que os bilhões de habitantes de nosso planeta farão dia após dia.

E da maneira como o farão. Se esse futuro for o produto de nossas guerras, de nossas desordens ou de nossa mesquinharia, será um futuro em um mundo insuportável de se viver.

Mas se, pelo contrário, for nosso o desejo e o compromisso de fazê-lo melhor que o presente, poderá ser um futuro digno de nossas qualidades de seres humanos. Em um mundo onde nós mesmos, nossos filhos e netos, poderemos viver, trabalhar e amar em PAZ”

Aurélio Peccei- Fundador do clube de Roma

21

Inovação fará mais sentido se amparada por princípios de **sustentabilidade.**

O projeto de um **futuro sustentável** é matéria fundamental na formação de um profissional atualizado com o mundo contemporâneo. É importante que um curso moderno de formação em arquitetura trabalhe a conscientização de seus alunos sobre os impactos negativos e positivos de uma intervenção urbana ou arquitetônica sobre o Meio Ambiente.

POR EXEMPLO

Na matéria de instalações hidráulicas aprendemos sobre a necessidade de equipar uma edificação com dutos de esgoto e ligá-los a uma rede coletora local. E daí para a frente? Para onde vão os dejetos?

> Uma matéria no jornal informou que a Bahia da Guanabara, no Rio de Janeiro, recebe diariamente um despejo de esgoto in natura comparável ao volume do Maracanã.

Procure imaginar o tamanho desse volume de água podre e infectada. Antes, a Bahia da Guanabara era berço de golfinhos e tartarugas. Já se foram.

Devemos pesquisar, conhecer e apresentar aos nossos clientes os modernos sistemas de saneamento, de redução do consumo de energia, de captação e reaproveitamento de águas pluviais e a operação dos serviços de coleta seletiva. Os Estados Unidos reciclam 53% de seu lixo, a Europa 48% e o Brasil apenas 1%.

Arquitetos e urbanistas podem desempenhar um papel relevante na promoção da melhoria da qualidade de vida no meio urbano. É fundamental o arquiteto ter consciência do **verdadeiro estrago** que ele pode provocar no ambiente e, por outro lado, o quanto ele pode ser importante na criação de um lugar saudável para se viver. Precisamos ter um compromisso em formar profissionais conscientes, e não apenas bons técnicos.

> Quando fomos convidados para desenvolver o projeto do novo Zoológio do Rio de Janeiro, descobri que havia uma previsão de supressão de 300 árvores existentes. Achei aquilo um absurdo completo. Estamos falando de um PARQUE, e a cobertura vegetal é, sem dúvida nenhuma, o principal ativo de um espaço dessa natureza. Conversei com o diretor Fernando Menezes, que deu todo apoio à equipe no sentido de desenvolver um projeto que preservasse 100% da cobertura vegetal do novo BIOPARQUE do RIO. Para além da preservação, criamos um grande horto focado na produção de mudas para plantio de novas espécies. A proposta foi comprada por todos os envolvidos na obra do parque.

Esse princípio de preservação das árvores existentes em um terreno foi sempre uma preocupação minha desde a primeira casa que projetei em Búzios em 1985. Posso até não ter plantado muitas árvores, mas já salvei centenas e centenas. É apenas um exemplo de como o arquiteto pode colaborar na melhoria ambiental dos espaços de trabalho.

PLANEJAMENTO URBANO

Nos últimos 30 anos, cidades como Búzios, Trancoso, Arraial da Ajuda e Morro de São Paulo, além da própria Barra da Tijuca, no Rio de Janeiro, sofreram com o impacto do crescimento desordenado. Esses locais conviveram com um acelerado processo de ocupação do solo e, em função do descaso com o seu meio, impactou na poluição gradativa de seus rios e de suas praias. Em alguns destes casos, a ocupação do solo foi acompanhada de um desmatamento de sua cobertura vegetal. Importante perceber que a agressão ao meio ambiente é resultado de uma ocupação irregular, motivada prioritariamente por interesses econômicos, por uma legislação fraca, uma administração pública incompetente e uma sociedade civil sem uma consciência ambiental formada.

A velocidade da ocupação do solo nesses locais não foi acompanhada de um planejamento urbano sustentável ou mesmo da criação de uma infraestrutura capaz de suportar o impacto negativo do crescimento desordenado. Assim ocorreu na Barra da Tijuca por um período de 30 anos sem que nada fosse feito. Um emissário foi construído quando a situação já era calamitosa e a lagoa de Marapendi já estava completamente poluída.

CONSCIÊNCIA

Sempre teremos condições de reverter situações que estejam fora de controle, e não faltam exemplos em países do mundo desenvolvido. Depois de um período em que o homem ocupou e transgrediu de forma descontrolada, temos uma oportunidade para recuperar os estragos e planejar um futuro sustentável. Arquitetos também podem colaborar muito nesse processo:

> Fui convidado, juntamente com o arquiteto Pedro Seiblitz, para projetar uma pousada com trinta suítes em uma encosta da Praia Brava, em Búzios. No programa do projeto, três pontos nos deixaram extremamente incomodados. Primeiro, que o volume da construção em relação à área do terreno era desproporcional. Segundo, que para construir as trinta suítes, piscina, decks, restaurante, salão social, áreas de serviço, arruamento e estacionamento, a movimentação de terra causaria um impacto considerável no relevo e na vegetação natural do terreno. Por fim, como não havia rede de saneamento local, mesmo utilizando os sistemas de fossas, filtros e sumidouros, o terreno não teria condições de absorver o grande

volume de despejos. Comentamos que, com o volume de quartos e banheiros, teríamos certamente problemas com a afloração do esgoto na base do terreno e nas vias de circulação pública. O ideal seria construir no máximo 12 suítes. Percebemos que o cliente estava irredutível e optamos por devolver o sinal pago pelos nossos serviços e desistimos do projeto.

Acho que é dever do arquiteto aconselhar o cliente a preservar ao máximo a cobertura vegetal de um terreno, equipar a edificação com um sistema de saneamento eficiente, utilizar iluminação LED, criar condições de captação de águas pluviais, instalar sistemas de placas fotovoltaicas, definir espaços para armazenamento de lixo seletivo, desenvolver um projeto paisagístico adaptado ao clima do local, estudar questões de acessibilidade e, claro, seguir rigorosamente a legislação local.

EFICIÊNCIA ENERGÉTICA

A implantação de um sistema de eficiência energética em uma casa exige investimentos complementares. O cliente pode não estar em condições de arcar com mais este custo. Mas, independente das condições econômicas, é fundamental apresentar as possibilidades de sustentabilidade e de preservação ambiental ao cliente. Já tivemos muito êxito nesse sentido e foi muito gratificante.

Um exemplo foi a rede de restaurantes RAYZ, do amigo Daniel Machado. Nas nossas primeiras conversas, ele sempre foi simpatizante da proposta de ter suas filiais reconhecidas pela utilização de materiais reaproveitados, iluminação LED, instalação de placas fotovoltaicas e a criação de fachadas verdes. A filial de Ipanema é um ótimo exemplo.

LEGISLAÇÃO

Apesar da legislação ambiental de controle e regulamentação de ocupação do uso do solo terem evoluído consideravelmente, não é fácil conter o desejo de alguns clientes em avançar o sinal.

Você deverá sempre seguir a legislação em vigor e esclarecer os detalhes que limitam a iniciativa de ocupação do solo e de construção. Em hipótese alguma você deve assinar um projeto que não esteja em conformidade com a legislação local. Caso contrário, estará cometendo um crime. Nunca coloque em risco sua carreira por projeto ou dinheiro nenhum.

PAISAGISMO

Para além das questões técnicas de sustentabilidade, existe a beleza do **verde**. A cobertura vegetal é, em minha opinião, o elemento que mais valoriza o espaço urbano.

Costumo usar a Rua Barão da Torre, em Ipanema, como um exemplo do resultado positivo de uma robusta cobertura vegetal. Os edifícios desta rua, localizados da Zona Sul do Rio de Janeiro, não possuem qualquer valor arquitetônico relevante, mas a Barão da Torre é uma rua **maravilhosa**. Ela é um espetáculo, porque o grande volume de árvores, posicionadas nos dois lados da rua e com enormes copas, escondem as fachadas simplórias dos edifícios. Ajudam inclusive na privacidade entre vizinhos e amenizam o clima com a projeção de uma sombra compacta.

Restaurante Rayz Ipanema - 2013 (RJ)

Quando fui chamado para fazer o projeto do Búzios Breezes Resort, comentei que:

> **"O projeto de um Resort somente estará concluído quando a cobertura vegetal tiver encoberto pelo menos 70% das fachadas de suas edificações."**

O Projeto do **Resort Corumbê**, em Paraty, é outro ótimo exemplo de preservação do meio ambiente e de sua cobertura vegetal existente.

> Para aprovação do projeto, 50% do terreno foi doado à municipalidade para preservação ambiental. Nos outros 50%, desenvolvemos um projeto que ocuparia apenas 3% dessa área. Para evitar a retirada de árvores, optamos por criar suítes em formato de bangalôs independentes. Dessa forma, poderíamos encaixar as casinhas sob a cobertura vegetal. Para a implantação das unidades, passamos cinco dias no meio da mata buscando clareiras onde os bangalôs pudessem ser construídos sem tocar nas árvores existentes. Desta forma, a cobertura vegetal ficou intocada e as construções não seriam vistas nem do mar. Eu e o arquiteto Pedro Seiblitz trabalhamos ainda na formatação de sistemas de captação de águas pluviais, reaproveitamento de águas, coleta seletiva, iluminação LED e utilizamos painéis fotovoltaicos para alimentação da iluminação externa do resort. Criamos um estacionamento no início do terreno e a circulação no Resort somente seria realizada a pé ou com pequenos carrinhos elétricos.

Corumbê Resort Paraty - 2012 (RJ)

Corumbê Resort Paraty - 2012 (RJ)

Corumbê Resort Paraty - 2012 (RJ)

Rock Street UK

Rock in Rio Lisboa, Las Vegas e Rio de Janeiro

Roberto Medina ligou pedindo um projeto cênico para um evento que ele idealizara:

- Vou fazer um show evento de lançamento de uma campanha de reflorestamento na Amazônia. Quero um palco flutuante no Rio Negro e vou colocar a orquestra sinfônica de Manaus, e o Plácido Domingo e Ivete Sangalo. São uns oitenta integrantes. Preciso de uma imagem e de um cenário para isso.

A ideia veio de forma imediata e respondi:

- Te ligo já. Vou te ligar em seguida.

Fui ao Google e digitei "folha flutuando sobre as águas". Achei uma foto linda e enviei por e-mail. Aí liguei:

- Roberto, veja se gosta desse palco?

Imediatamente, ele respondeu:

- Aprovado!

ESTRUTURA TUBULAR
COMPRIMENTO LINEAR TOTAL DE 430M

AREA DA COBERTURA APROX $580M^2$

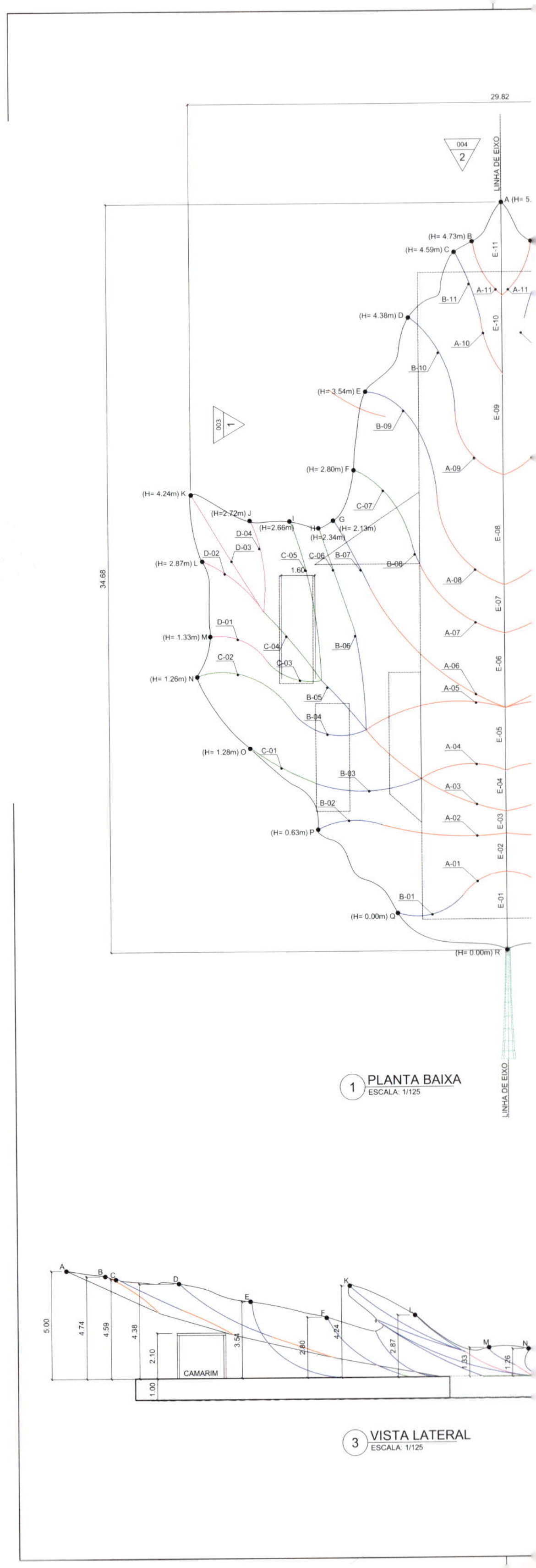

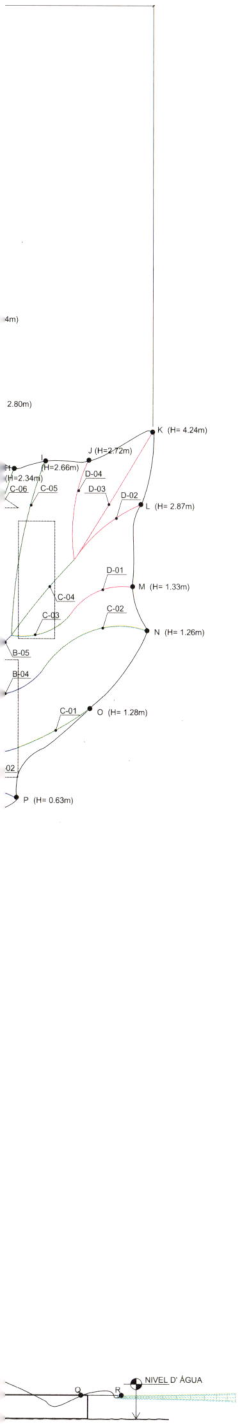

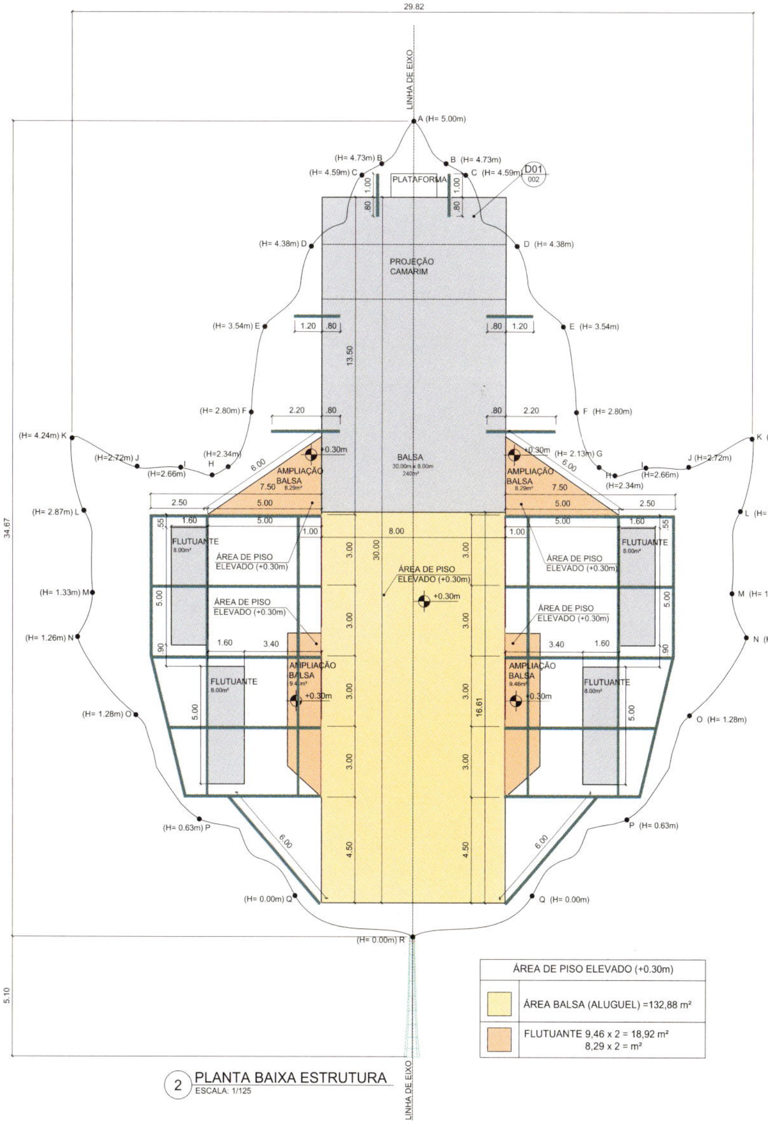

ÁREA DE PISO ELEVADO (+0.30m)	
(amarelo)	ÁREA BALSA (ALUGUEL) =132,88 m²
(laranja)	FLUTUANTE 9,46 x 2 = 18,92 m² 8,29 x 2 = m²

2 PLANTA BAIXA ESTRUTURA
ESCALA: 1/125

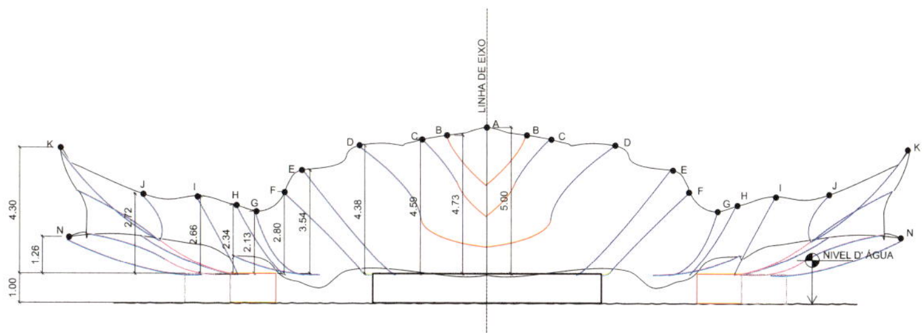

4 VISTA FRONTAL
ESCALA: 1/125

QUADRO DE SIMBOLOGIAS

CORTE	VISTA	DETALHES	ESQUADRIAS	REVESTIMENTOS

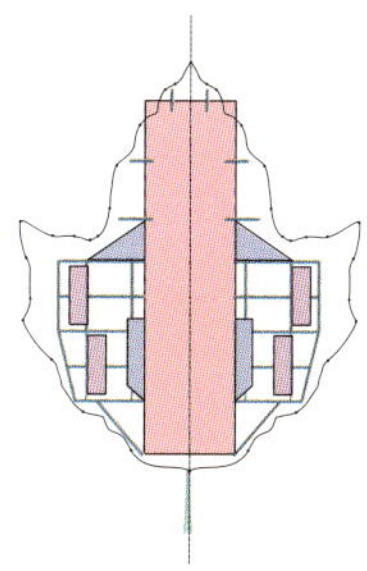

LEGENDA
BALSA (ALUGUEL)
AMPLIAÇÃO BALSA
FLUTUANTE
PERFIL METÁLICO DE SUSTENTAÇÃO

6 QUADRO DE LEGENDAS
ESCALA: 1/250

N°.	DATA	VISTO	TABELA DE REVISÃO
05	27/06/2016	THAÍS	REVISÃO ESTRUTURA
04	29/04/2016	THAÍS	REVISÃO
03	25/04/2016	THAÍS	REVISÃO
02	11/04/2016	THAÍS	REVISÃO
01	25/02/2016	IGOR	EMISSÃO INICIAL
00	19/02/2016	IGOR	EMISSÃO INICIAL

CICLO ARQUITETURA

ARQUITETURA, URBANISMO E MEIO AMBIENTE
TELs.: (55) (21) 2275-7210 - (55) (21) 2275-0730
e-mail: ciclo@ciclo.arq.br - www.ciclo.arq.br

PROJETO: ROCK IN RIO	DATA: 29/04/2016	COD. DO PROJETO: 1512
ENDEREÇO DA OBRA: MANAUS	DISCIPLINA: CENOGRAFIA	
TÍTULO: PLANTA BAIXA - VEIOS **PALCO AMAZÔNIA**	ESCALA: INDICADA REVISÃO: REV 05	FOLHA N°: 005

AUTOR DO PROJETO: JOÃO UCHÔA	CAU N°: A-12236-0	NOME DO ARQUIVO: 1512-B-CEN-PB-GE-R05	NOME DO DESENHO: 1512-B-CEN-PB-GE-F03-R05
DESENVOLVIMENTO DO PROJETO: IGOR RIBEIRO/ CHEYENNE/THAÍS		VERIFICAÇÃO: JOÃO UCHÔA	

SO-
CIAL

22

“Um homem não pode fazer o certo numa área da vida, enquanto está ocupado em fazer o errado em outra. A vida é um todo indivisível”

Mahatma Gandhi - Líder pacifista indiano.

22

Tão importante quanto a **conscientização ambiental** é a participação e a promoção de **atividades sociais**. É mais um segmento complementar de uma iniciativa corporativa em que o arquiteto pode atuar de forma produtiva.

O **Búzios Breezes Resort** é um ótimo exemplo do bom relacionamento entre a iniciativa privada e a sociedade. Uma ação cooperativa que demonstrou, na prática, como a implantação de um empreendimento imobiliário pode interagir de forma positiva com a sociedade local e colaborar na promoção de uma melhor qualidade de vida.

O engenheiro e diretor de Marketing da construtora Wrobel, Marcelo Wrobel, me ligou convidando para participar do desenvolvimento do projeto do Búzios Breezes Resort. Ele queria imprimir um design mais criativo ao empreendimento e achava que eu poderia realizar esse trabalho.

Minha tarefa seria a definição de um partido arquitetônico e a formatação de um design para as fachadas das edificações.

Como Búzios é um lugar extremamente cosmopolita, optei por um mix da arquitetura tropical brasileira, mexicana, balinesa e mediterrânea. Desenhei muito. Dias seguidos. As propostas foram certeiras e muito bem recebidas pelos sócios. Depois, em uma parceria com a amiga e arquiteta Barbara Urbano, começamos a cristalizar os estudos em plantas básicas de arquitetura de fachada e soltamos o trabalho para a produção das imagens virtuais em 3D.

Com o resultado positivo, Marcelo nos convidou para desenvolver os projetos de interiores e de iluminação do empreendimento. Mais um bom desafio e a certeza de que havíamos conquistado a confiança e o coração do grupo. O presidente, Fernando Wrobel, um arquiteto espetacular, Hélio Wrobel, Roberto Landau e Roberto Cid completavam o time de empreendedores. Profissionais corajosos e pessoas maravilhosas.

A Wrobel já preparava o lançamento e, como de costume, os prazos eram muito curtos. Fui me superando a cada dia. O projeto começou a ganhar identidade e, em poucos dias, os resultados começaram a aparecer.

Neste momento, as questões **ambientais** e **sociais** de implantação do Resort começaram a martelar minha cabeça.

A favor do Resort estava o fato de o Breezes ser construído em um terreno sem composição vegetal e de estar localizado fora da península de Búzios. Mas, independente disso, o hotel seria construído às margens da praia.

As poucas vezes que coloquei para o grupo minha preocupação com o meio ambiente, ouvi:

-Estamos com o projeto de implantação aprovado pelos órgãos competentes de fiscalização e gestão ambiental do município e do estado. A prefeitura e a câmara de vereadores também aprovaram o projeto. Está tudo correto e aprovado.

Eu já havia colocado para o grupo que certamente teríamos vozes contrárias ao empreendimento. Com a proximidade do lançamento, percebi que, apesar dos benefícios turísticos e econômicos que a iniciativa poderia trazer para a cidade, a possibilidade de mobilização e embargo da obra era eminente. Búzios, como toda cidade pequena, possui uma população muito politizada.

Percebi, então, a possibilidade de aproveitar a implantação do empreendimento e criar condições efetivas de transformá-lo em um projeto social, educativo, cultural, artístico e ambiental para a região.

Certa noite, liguei para o Marcelo e deixei um recado no celular dele:

-Marcelo, estou realmente preocupado. Não estou conseguindo dormir. Estou preocupado com você, com sua família, com os sócios, com os investidores, com os parceiros, com os clientes e com o futuro do Breezes. Acho que temos que fazer alguma coisa URGENTE. Tenho certeza que teremos problemas sérios pela frente. Precisamos fazer algo.

Um recado destes, dito por telefone, deve ter assustado o Marcelo, que me retornou minutos depois:

-O que houve, cara? Quem ficou preocupado agora fui eu. Você tá legal? Algum problema? Não entendi nada. Está tudo caminhando bem?

Conversei com o Marcelo e deixei claro que precisávamos definir uma proposta inovadora de relacionamento social do empreendimento com as comunidades mais carentes do município, com a cidade e com os moradores que estavam nas áreas próximas ao hotel. Precisávamos oferecer mais do que resultados econômicos para Búzios. Precisávamos criar um modelo e uma referência de ocupação sustentável, ambientalmente equilibrada e que pudesse promover uma relação produtiva e educativa com a comunidade local.

-Mas como? Qual a sua ideia? - perguntou Marcelo.

-Vou colocar no papel e te envio na segunda-feira. Vamos ter custos e vamos precisar do apoio de ONGs locais. Teremos que fazer um projeto honrado, consciente e verdadeiro.

Marcelo concordou e comecei a escrever o projeto.

No mesmo fim de semana, sentei para elaborar um projeto que deveria abranger as áreas **ambientais**, **educativas**, **artísticas** e **sociais**. As ações teriam foco na promoção de atividades com crianças, jovens e adultos das comunidades menos favorecidas dos bairros de Cem Braças, Saco Fora, José Gonçalves e Tucuns.

Tucuns sempre foi um bairro meio esquecido pelos moradores da península. Mesmo políticos só apareciam por lá para pedir votos e depois ficam rondando a zona sul do balneário.

Teríamos, então, a oportunidade de implantar um projeto social único na cidade. Certamente, o projeto ganharia o apoio da sociedade local e o Breezes se tornaria uma referência de empreendimento sustentável aliado aos interesses da comunidade do lugar. Atitude que também não fazia parte da cultura empresarial de Búzios. Foi então criado o projeto **"Breezes – Um compromisso com a VIDA**". A proposta, depois de aprovada pelos sócios, foi publicada nas páginas dos jornais da cidade. Nela, destacamos as iniciativas que seriam realizadas nas áreas de gestão social, educação, cultura artística, meio ambiente e de formação profissional junto às comunidades do entorno.

Fazendo um resumo das atividades:

Parceria

Formalizamos uma parceria com a **Universidade Estácio de Sá**, com a associação **Pró-Vida de Búzios**, com as **Associações de Moradores** dos bairros locais e com o **CAT- Centro de Apoio ao Trabalhador**.

EDUCAÇÃO

A **Universidade Estácio de Sá** formatou **cursos de formação profissional** nas áreas de **Turismo**, **Meio Ambiente** e **Hotelaria**. Na proposta, as salas de aula da escola do bairro de Tucuns seriam ocupadas de segunda a quinta-feira, na parte da noite, por moradores interessados na formação profissional nessas áreas. Todos os cursos contavam com aulas praticas, visitas externas, material didático e eram inteiramente gratuitos.

PROFISSIONAL

O objetivo era a capacitação profissional de moradores das comunidades para fazerem parte dos quadros de trabalho do hotel. Para além da formação, o projeto oferecia uma real oportunidade de trabalho e priorizava os moradores das comunidades carentes do entorno.

SOCIAL

Construímos no canteiro de obras uma sala de aula, com foco na formação de técnicos para trabalhar na construção do hotel. Nosso objetivo era priorizar a contratação de mão-de-obra local para realizar a obra. Recordo-me de, durante as obras, contabilizar quase quatrocentas bicicletas no estacionamento. A obra foi, de fato, erguida por moradores do local. Foi construída ainda uma creche, uma biblioteca, uma área de convivência para o bairro e foi também realizada a reforma da sede do CAT e dos banheiros da escola.

AMBIENTAL

A obra contou com sistema de coleta seletiva de lixo, reaproveitamento de águas e captação de energia solar. Criamos uma verdadeira estufa para produção de espécies nativas que foram utilizadas no reflorestamento e na recuperação ambiental de áreas degradadas da orla. Definimos ainda que o projeto de paisagismo do Resort deveria ser realizado com espécies nativas da região. A **Estácio de Sá** promovia aulas práticas junto às atividades de paisagismo do hotel e tivemos que ampliar a estufa.

ARTÍSTICA

Priorizamos a criação de uma parceria com os artistas plásticos do município e arredores para compor a decoração da totalidade das centenas de ambientes do Resort.

SANEAMENTO

A Wrobel se encarregou de construir a rede principal de esgoto de Tucuns.

Os cursos e as atividades eram divulgados permanentemente na mídia local, e o compromisso do projeto se tornava público e real. Foi um movimento que associou a iniciativa privada com uma atividade social junto às comunidades do entorno como nunca se viu na região.

Em determinado momento, aconteceu o que já era previsível. A ONG ambiental de Búzios entrou no Ministério Público pedindo a desapropriação da área e a proibição da construção do Resort. A paralisação foi efetivada e começou na cidade um verdadeiro debate sobre os prós e os contras da implantação do empreendimento. Os cursos e as ações de apoio social funcionaram por mais dois meses e chegou um pedido para paralisar também estas atividades, inclusive os cursos.

A obra já estava sendo realizada há cerca de seis meses. Após três meses de obras paradas, tornou-se impossível manter os 450 operários, e todos tiveram seus contratos rescindidos. Os trabalhadores estavam contando com assistência médica, carteira assinada e aulas de formação, uma situação ímpar na história de Búzios.

Ocorreu então uma reviravolta no processo. As associações de moradores do local estavam em total sintonia com as atividades e com a parceria com o Resort e começaram a se mobilizar em prol da retomada das obras. As associações se reuniram e moveram uma ação contra a ONG ambiental. O conjunto do movimento tomou conta do noticiário na cidade e foi motivo de debates permanentes.

Depois de quase oito meses e de dezenas de reuniões, foi realizado na escola de Tucuns um encontro que recebeu o apoio de 42 associações de classe que assinaram um pedido de cancelamento da paralisação. Um mês depois, a obra foi liberada e não mais parou até a sua conclusão.

Durante todo esse processo, o diretor técnico da Wrobel, José Rodrigues, a arquiteta Lúcia Vieira e os engenheiros Eduardo Wasques e Márcio Machado, a diretora do CAT, Deise Leonardo, e eu nos empenhamos diariamente para fazermos do projeto social uma realidade. Participar dessa iniciativa foi uma experiência estimulante e um grande prazer. Vale destacar o empenho da Wrobel e da Basim incorporações que, mesmo na adversidade, não mediram esforços e investimentos para fazer, da chegada do Resort em Búzios, uma iniciativa social, educativa e ambiental jamais experimentada na cidade.

Breezes Resort Búzios - 2010 (RJ)

AMADU
RECI-
MENTO

23

"A força de um guerreiro não se encontra no ataque, mas sim na resistência"

Autor desconhecido.

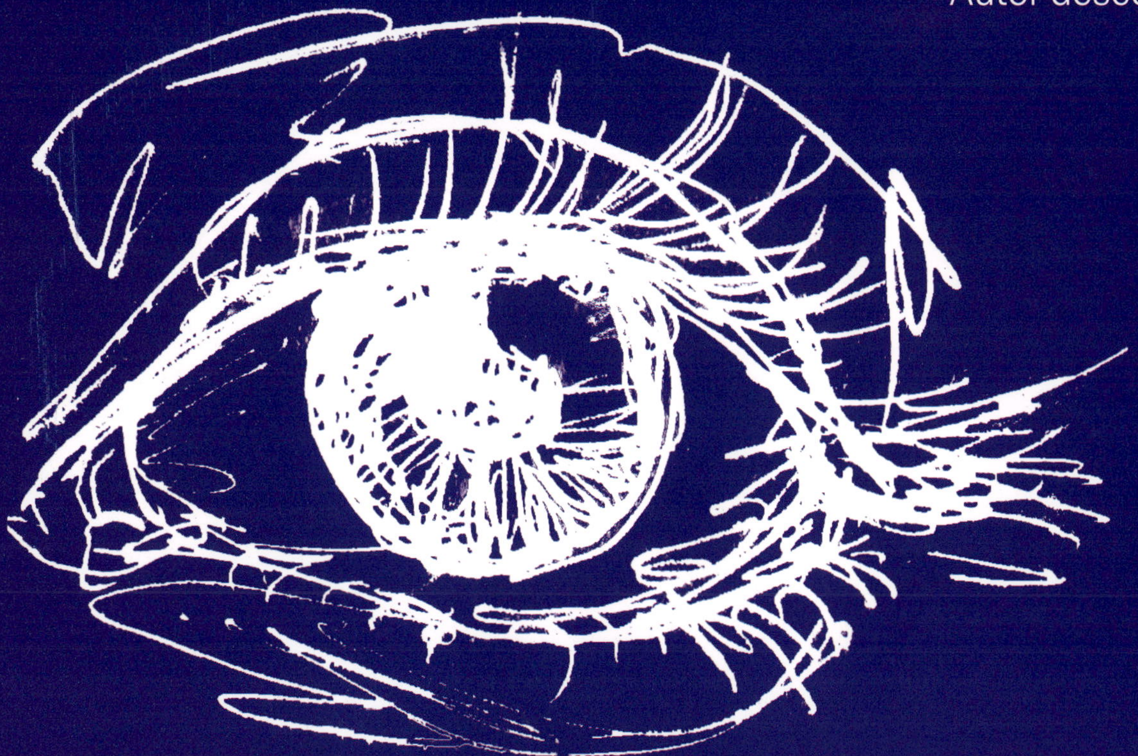

23

Tenha consciência de que o aprendizado **nunca estará concluído**.
Amadurecimento é uma conquista **diária** e **eterna**.

A formação, a prática profissional, o desenvolvimento intelectual e o bom uso da experiência são habilidades que deverão ser permanentemente aprimoradas e poderão ajudá-lo a se tornar um profissional eficiente e uma pessoa mais equilibrada. Para isso, é preciso estar suscetível a críticas e disposto a aprender com o bônus e com o ônus do dia a dia. Se você for uma pessoa sensível, curiosa, sem vaidades e com vontade de aprimorar suas capacidades, poderá ampliar seus conhecimentos e conviver com os bons resultados que a idade proporciona. Não será o dinheiro, bens materiais ou qualquer espécie de "sucesso" que garantirá um status qualitativo à sua passagem por esse planeta, mas sim, a **maturidade**. É preciso saber ganhar e saber perder com dignidade e parceria com os envolvidos.

Fomos convidados a participar de uma concorrência para um megaempreendimento na Barra da Tijuca. Trabalhamos muito na concepção de um espaço especial, moderno, diverso, criativo e sedutor. Lagos, parques, sistema de VLT, sustentabilidade, design e inovação eram o mote do programa que desenvolvemos. Ao final saímos vencedores, mas o projeto, por motivos diversos, não pôde ser realizado. Havia uma cláusula de pagamento pelo sucesso da concorrência mas, como o negócio não pôde avançar, abrimos mão desse recebimento. A construtora arcou apenas com as despesas que tivemos de desenvolvimento e nos tornarmos grandes parceiros. Não demorou dois meses para que fôssemos chamados para uma nova empreitada com o grupo.

AMADURECIMENTO NOS NEGÓCIOS

Pessoas muito ativas e criativas costumam dormir pouco. Neuróticas? Um pouco, com certeza. Mas é uma "perturbação" que, se bem equilibrada, pode ser extremamente **produtiva**. É uma inquietação motivada pelo processo **criativo** e por um desejo sedutor de **realizar**. Esse conjunto motivacional promove uma fusão da sensibilidade do artista com a capacidade produtiva do empreendedor. O resultado é uma verdadeira força de trabalho transformadora.

Em um determinado momento, senti de um segmento operacional do Rock in Rio uma posição contrária à continuidade de contratação direta da CICLO para os projetos do festival. Não era uma vontade da presidência ou da diretoria do grupo, mas de um grupo interno de operadores em cargos elevados. Apontavam uma possibilidade de redução de custos e abertura de concorrência de projetos. O que é super justo e correto. Sentindo isso, me antecipei a apresentar algo novo e surpreendente. Foi quando decidimos produzir o projeto de uma megaparque para a região dos Emirados Árabes. Fizemos um projeto espetacular e apresentei aos diretores. Criamos com isso um fato novo e relevante. E seguimos apresentando novos projetos, independente de pedido ou de contratação. Queríamos demonstrar parceria, criatividade e comprometimento. Já se vão 23 anos de projetos junto às últimas 20 edições do festival.

Quando uma ideia se apropriar da sua cabeça, a melhor coisa a fazer é descobrir uma forma de registrá-la ou de colocá-la em movimento. Mesmo que a ideia não venha a ser concretizada, já vale o exercício da reflexão. Com a maturidade, o processo de criação e de realização ganha muito em eficiência.

Com o tempo, percebi que, além da motivação criativa, o empreendedorismo precisava se tornar uma das minhas ferramentas de trabalho. Entendi que, para criar um escritório e poder concretizar nossos sonhos, seria necessário aprimorar os processos de gestão e me cercar de pessoas motivadas e competentes. Percebi também que o esporte e o lazer são extremamente importantes, mas não são, na maturidade, nossa principal fonte de prazer. Precisamos nos alimentar também da realização.

Projetos complexos e de grande porte estão no portfólio de investimentos da CICLO. Destaco o projeto para evento ZYTRONS desenvolvido para o grupo do Rock in Rio. Um projeto sedutor e com requinte de detalhes. O mesmo para o projeto CODE ZERO ou o de um empreendimento na Barra. Todos demandaram muito trabalho, muito empenho, custos elevados de produção e aguardam um bom resultado de viabilização. Mesmo não tendo sido ainda implementados, a parceria com o cliente se fortalece e o treinamento da equipe segue em alta de produção e aprimoramento.

Alguns trabalham 11 meses no ano sonhando com os 30 dias de férias. A ideia de que trabalhar é uma atividade chata e que se faz apenas para ganhar dinheiro, há muitos anos ficou no passado. Precisamos transformar a atividade profissional numa fonte inesgotável de prazer. Estou no elenco dos caras que trabalham muito, dormem pouco e se divertem pra cacete produzindo coisas. E nem por isso deixo de dar atenção à saúde, ao esporte e, principalmente, à minha mulher, a meus filhos, minha família e aos meus amigos.

Quando identificarmos nosso foco produtivo, teremos as condições necessárias para fortalecer os nossos verdadeiros potenciais e, com isso, criar as condições para aprimorar os conhecimentos e melhorar nossa relação com o mundo e com as pessoas que nos rodeiam. Todo esse movimento será traduzido em **equilíbrio** e em **resultados**. Conhecimento, maturidade, habilidade para jogar e vontade são os ingredientes básicos para fortalecer uma carreira vitoriosa.

Uma história:

Em 2003, quando perdi todas as minhas reservas e terminei devendo quase 1,5 milhões de reais na participação em uma casa noturna em Búzios, fui pedir apoio financeiro ao meu tio João Uchôa, fundador da Universidade Estácio de Sá. Ele me recebeu, ouviu em silêncio minha história e, ao final, comentou batendo com afago a mão no meu ombro:

- Muito bom! Isso é muito bom!!!! Vai te ajudar muito. Meu negócio cresceu sempre com dívidas. Quanto mais dívidas eu fazia, mais eu crescia. Um MBA, né?! Caro e pago à vista. Mas isso vai te ajudar muito. Isso é muito, muito bom!!!!

Ao final do papo, me fez uma oferta de trabalho, mas destacou:

- Quem trabalha pra mim, não trabalha para os outros. Se quiser trabalho, preciso de dedicação exclusiva. É assim na Estácio.

Como eu tinha claro meu objetivo de continuar com meu próprio negócio, saí do encontro sem apoio financeiro e sem trabalho. Agradeci o aconselhamento e segui meu caminho enfrentando as dívidas contraídas e que levaram quase dois anos para serem quitadas.

Nestes dois anos convivi com um aperto financeiro insuportável, eu não poderia jamais deixar transparecer para os clientes as minhas dificuldades. Guardei para mim as notícias ruins e mantive a confiança, o entusiasmo e o bom humor. É realmente muito ruim ver o dinheiro conquistado sendo levado para quitar dívidas de prejuízos anteriores. Mas, em hipótese alguma, seja uma vítima. Todo mundo que quiser ser um empreendedor precisa estar preparado para passar por esse tipo de situação.

Quase 15 anos após a conversa com meu tio, entendi como deveria ter tirado melhor proveito da dura lição na participação na boate. Os anos seguintes foram de muito trabalho e ótimos resultados. Com a crise de 2017, fui obrigado a repensar o sistema operacional do escritório. Claro que demorei a promover os ajustes, perdi muito dinheiro e acabei novamente me endividando com bancos. Na CICLO e em todo o Brasil, tivemos um ano de 2017 horrível, sobrevivendo com contratos de baixo valor e as dívidas sendo acumuladas. Seguimos remando e trabalhando muito: promovi cortes, convoquei os parceiros para investirmos em parceria e conseguimos reinventar o escritório. Com os ajustes que promovemos, começamos um vigoroso processo de recuperação e entendi como uma empresa deve agir.

"A força de um guerreiro não se encontra no ataque, mas sim na resistência."

Nas crises sempre se aprende algumas lições:

1. Muito cuidado quando se meter em negócios que não conhece.

2. Veja bem com quem está se relacionando.

3. Sair quebrado será sempre uma possibilidade eminente, esteja preparado e consciente.

4. Procure se manter austero e seja rigoroso no controle dos gastos.

5. Em hipótese alguma, peça empréstimo a banco. No Brasil, os juros são absurdos. Vão acabar com você.

6. Descarte o uso de cartões de crédito. Eles devem ser utilizados apenas em casos de extrema necessidade.

7. Seja correto com as pessoas e aprenda a negociar de forma clara e comprometida.

9. Respeite seus compromissos e pague seus impostos.

10. Seja forte, pois, mar calmo nunca fez bom marinheiro.

Code 0 - 2019 (RJ)

ZYTRONS (dos realizadores do Rock in Rio) - 2015 (RJ)

Quando enfrentar uma tempestade, lute para sobreviver. Você vai sair mais preparado e com vigor para encarar novas batalhas. Por pior que seja a crise, saiba tirar proveito dos ensinamentos e organize melhor seus negócios e seus procedimentos. De uma derrota é possível tirar lições importantes para o futuro. O processo, apesar de desgastante, terá sido uma rica experiência.

Empreender é uma atividade que exige preparo, muita atenção, sangue frio e coragem. Mesmo contando com muito conhecimento e habilidade, o empreendedorismo será sempre uma brincadeira de alto risco.

AMADURECIMENTO NA ARTE

Como na técnica e nos negócios, a sensibilidade **artística** também evolui com a maturidade. Um arquiteto não precisa necessariamente ser um bom desenhista, mas, para crescer como artista, precisa conviver e se relacionar com as atividades ligadas ao universo das **artes**.

É preciso estar permanente buscando informação, conteúdo e atualização.
É preciso estar antenado com as novidades do mundo moderno.
É preciso se manter ativo, interessado e curioso.
É preciso ler, ver e praticar **arte**.

Acredito no potencial do talento para alavancar um profissional. Alguns podem, ainda na infância, ser intuitivamente atraídos por uma atividade artística e ganhar muito terreno. Mas acredito que a motivação, o empenho e o desenvolvimento pessoal também possa colocar um profissional em posições de destaque no mercado. Em minha opinião, a **vontade** pode fazer um artista. É preciso acreditar nisso. Confie nos seus objetivos e seja uma pessoa extremamente interessada no que faz. Apaixone-se por sua profissão, invista, trabalhe e terá bons resultados. Ninguém precisa ser genial e, ao mesmo tempo, nem sempre um talentoso terá bons resultados. A atividade profissional é formada por um leque enorme de variantes e, muitas vezes, o empenho e a dedicação podem ser determinantes numa carreira de sucesso.

Visite exposições e atividades ligadas ao design, às artes plásticas e à arquitetura. Busque informação e conteúdo em livros, revistas e sites especializados. Frequente teatro, cinema, shows, festivais musicais e eventos de moda. Seja parte integrante e apaixonada do universo cultural. Vai colaborar demais na sua formação e no desenvolvimento de sua sensibilidade artística.

Devemos estender nossa curiosidade ao conhecimento da História da humanidade, em que a arquitetura foi um elemento marcante em todas as suas fases. Uma boa viagem não é feita do que você traz na mala, mas sim do que você vivenciou, viu e guardou no coração. O bem material é passageiro, a **cultura** é para sempre. Produtos se deterioram, conhecimento se expande.

Nossa atividade profissional se materializa necessariamente pelo envolvimento com **gente** e com alguma forma de manifestação **cultural**. A sensibilidade do arquiteto precisa conviver com esse sistema para criar oportunidades que atendam o indivíduo e a **sociedade**. Vamos nos relacionar com grupos e pessoas das mais diversas procedências, com percepções distintas e desejos diversos. Para conseguir ofertar um produto adequado a estes grupos, você deverá ter a capacidade de absorver e traduzir esse variado universo **cultural**.

Mas atenção, quaisquer que sejam suas preferências, quando estivermos prestando um serviço para terceiros, é importante termos muito cuidado com nossas convicções pessoais. Como foi dito, conceitos artísticos, culturais e sociais possibilitam um universo infinito de interpretações. Independentemente do gosto pessoal do arquiteto, precisamos ter a capacidade de utilizar sensibilidade para atender aos desejos e objetivos do cliente.

A expressão **pura da arte** é uma atividade pessoal. É uma produção que corre à margem de questões ligadas a cliente ou mercado. É a realidade da profissão de um artista plástico, mas dificilmente um arquiteto terá essa liberdade.

Nossa **arte** é **contratada**. Você vai precisar atender a encomendas de terceiros. Sua formação, sua sensibilidade e seu talento criativo vão estar à disposição de um **contratante**. Para um artista plástico, isso pode ser o fim do mundo. Mas, para o arquiteto, precisa ser recebido como um **presente**.

Condomínio X - 2015 (Barra da Tijuca - RJ)

CICLO

Eco Barra

Rio de Janeiro

ENER-

GIA

DIGITAL

24

“O que eu gosto mais é que toda crise é cheia de oportunidades”

Jorge Paulo Lemann - Empresário.

24

O lançamento do P.A. 11 estava agendado para o dia 25 de Abril. Com a chegada da pandemia, reduzimos o ritmo da produção e remarcamos para Outubro. Mas a situação indicava que provavelmente poderia ser levado para 2021.

Todos os envolvidos estavam muito entusiasmados com a oportunidade de colocar o livro na rua e de fazer o lançamento em uma grande festa no Campus da Estácio da Barra. De repente, o projeto estava paralisado e sem data de retorno. Apesar do desconforto gerado por essa situação de estagnação, não tiramos da cabeça a nossa vontade de seguir com o projeto. E, como diz o ditado, "quem procura, acha".

Precisamos de uma solução alternativa pra lançar o livro.

O que move um empreendedor, um artista ou um atleta de sucesso é sempre o desejo da realização. Apesar da crise eminente, a vontade de seguir em frente e com cenários ainda mais adversos, passa a assumir o papel de **desafio**. Em momentos de **crise**, deixe de lado as lamentações, acione o radar da criatividade e o resultado poderá ser ainda mais surpreendente.

Por que não lançar o livro inicialmente nas plataformas digitais?

Por onde começamos?

Como divulgar nas redes?

Como garantir visibilidade para o produto?

Como divulgar?

O fato é que decidimos que o livro seria lançado nas plataformas digitais ainda no mês de maio.

Estamos todos em casa.

Todos ligados nas redes.

Podemos estudar uma proposta inovadora de lançamento.

Fizemos contato com nossos parceiros e apresentamos a proposta de seguir com o lançamento primeiramente nas plataformas digitais. Estabelecemos metas, prazos, cronogramas e definimos com nosso editor Tomaz

Adour que teríamos 30 dias para o livro estar sendo encaminhado para a editoração digital. Voltamos a trabalhar nas revisões finais e a pensar na comunicação de lançamento. Para criar uma ação de forte impacto visual, convidamos o amigo e produtor audiovisual Federico Bardini para produzir uma série de vídeos e com eles fortalecer a produção nas nossas redes sociais. Os vídeos seriam temáticos e mostrariam, como no livro, um resumo do processo de concepção, fabricação, montagem e construção de nossas obras. A **LUPA**, dos amigos e jornalistas Luisi Valadão e Gabriel Olivien, se encarregaram de fazer o cronograma das atividades, contato com as assessorias dos parceiros e o objetivo de levar a comunicação para os mais diversos veículos e mídias digitais. E assim foi feito.

Qualquer empresário de longa história no mercado vai concordar que:

Crise é uma oportunidade para testar nossa energia potencial e avaliar a nossa capacidade de superação.

É a velha história do renascimento da **FÊNIX**. Nesse momento de quarentena, acompanhar as péssimas notícias referentes à pandemia já se tornou insuportável nos primeiros dias. Optamos então por não nos abalarmos com notícias pouco estimulantes e seguir com a manutenção das atividades produtivas, com nossos planos e com nossos projetos.

Lamentações não são indicadas para momentos de crise. Força e otimismo, sim!!!

Com a chegada da quarentena, contratos valiosos não foram concretizados e alguns foram interrompidos logo nos primeiros meses. Alguns projetos seguiram e fomos surpreendidos pela concretização de alguns novos contratos.

Na **CICLO**, nossa estratégia foi a de seguirmos com um discurso extremamente positivo e com uma ação de atendimento ainda mais próxima junto aos nossos clientes e parceiros. O lançamento digital do P.A.11 foi importante para manter, perante o público em geral, um espírito entusiasta e empreendedor. Como resultado, fomos ainda brindados com uma ação de mídia de grande impacto visual. Juntamente a essas iniciativas, investimos na melhoria da qualidade de produção do material de divulgação e intensificamos as ações nas redes sociais. Mas de todas as iniciativas, a principal foi a reorganização e a potencialização do nosso setor **comercial**.

Optamos por focar nosso olhar em mercados onde nossa atuação estava um pouco tímida, e escolhemos o segmento da construção civil de edificações residenciais e corporativas. Visitamos nossos arquivos e fizemos uma seleção de projetos não realizados, mas com forte apelo visual. Para atualizá-los, produzimos uma verdadeira revisão em alguns detalhes conceituais e investimos na produção das imagens em 3D. Para garantir uma apresentação ainda mais robusta, criamos e desenhamos edificações com um forte conceito de design e de sustentabilidade. Com o material produzido, finalizamos um novo book de apresentação e, com a chegada do livro impresso, estamos preparados para uma investida no mercado da construção civil.

O Home Office se tornou a grande vedete desse período de quarentena e decidimos que a **CICLO** vai seguir com esse formato junto aos nossos colaboradores e parceiros de trabalho. Com isso, conseguimos em nossa sede o espaço necessário para a criação do nosso **coworking** para arquitetos e a criação da escola para **formação profissional**. Montamos um Business Plan desse novo negócio e fomos buscar possíveis investidores. Paralelamente, e por nossa própria conta, iniciamos as obras de reforma da sede para receber nosso novo empreendimento. O livro impresso ficou pronto, iniciamos nossa ação comercial e imediatamente contamos com a participação da Portobello na escola e da Papel Craft na distribuição e venda do livro em suas lojas. Dois parceiros para sempre.

O momento atípico que estamos experimentando em 2020, e a iniciativa de seguir trabalhando com vitalidade, demonstra o quão importante é saber se manter determinado e otimista. Tanto na sua atividade profissional quanto nos seus relacionamentos pessoais do dia a dia, procure tirar sempre o melhor proveito das situações. Talvez tenha repetido muito isso, mas queria encerrar esse primeiro Volume do P.A.11 com mais essas palavras de otimismo.

Queremos também agradecer a atenção de vocês e nos colocar à inteira disposição para conversarmos, trocarmos ideias, recebê-los em nosso escritório e convidá-los a participar do nosso coworking e de nossos futuros cursos de formação. Espero que essas poucas histórias possam, de alguma forma, colaborar com a carreira e com o futuro de vocês.

Que tenham uma bela jornada.

Força e muita sorte para todos.

Valeu!!!

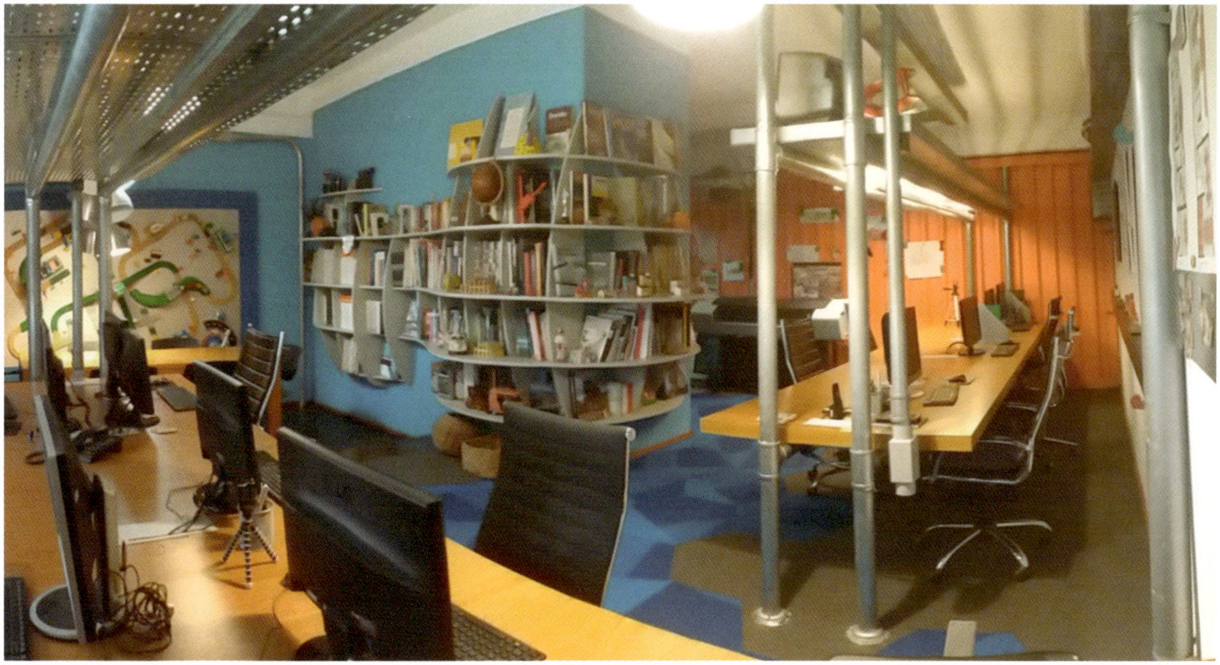

Será um prazer recebê-los em nosso coworking e nos cursos de formação profissional promovidos pela CICLO em parceria com o P.A. 11.

Endereço: Rua Paulo Barreto 84 - Rio de Janeiro/RJ - CEP.:22.280-010

ADENDO

CONTRATO

“Pensem o que quiserem de ti, faz aquilo que te parece justo”

Pitágoras - Matemático e filósofo grego.

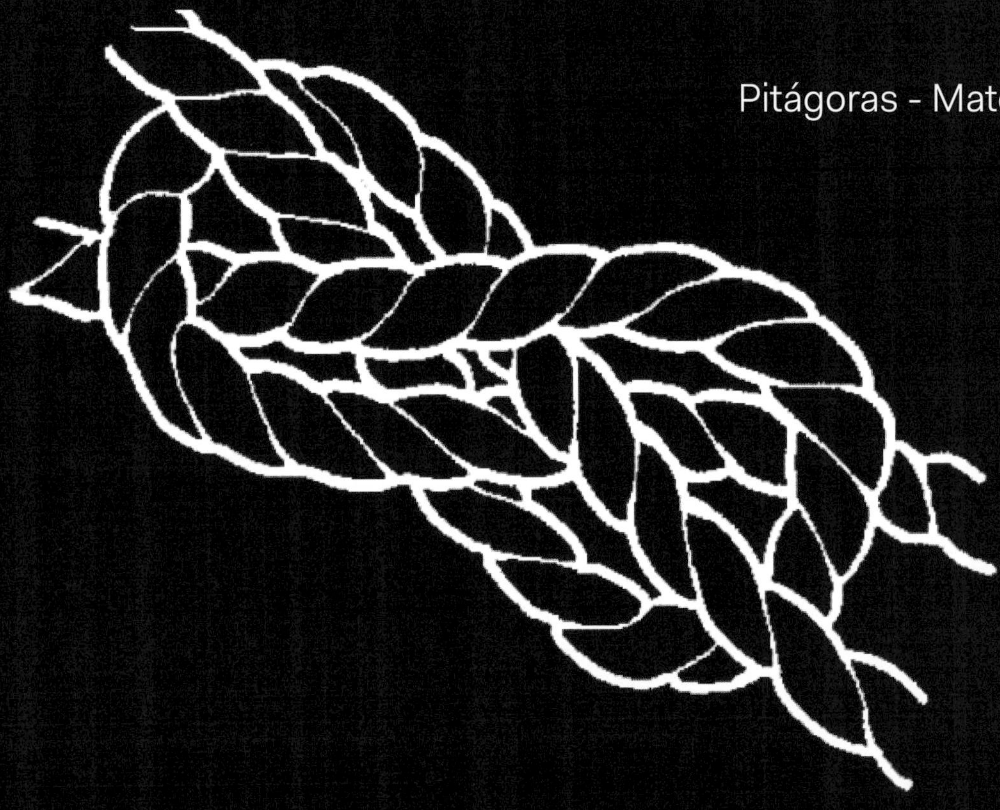

A prestação de serviços entre **contratado** e **contratante** estabelece compromissos, prazos, metas e responsabilidades em que um contrato bem amarrado pode ser a garantia de um relacionamento e um resultado mais seguro, eficiente e duradouro.

Um projeto de arquitetura envolve um grande volume de atividades e de material técnico a ser produzido. O **contrato** de prestação de serviço tem a missão de detalhar claramente as etapas e os comprometimentos formais de todas as obrigações e etapas a serem operadas pelas partes envolvidas. Desta forma, poderemos evitar dúvidas ou questionamentos que não estejam amparados no **texto** do contrato.

Neste documento, que será assinado pelas partes envolvidas, deverão constar detalhes como a dimensão da área a ser projetada, os comprometimentos legais das partes, a descrição do material a ser produzido, os formatos de apresentação, os prazos de entrega, as responsabilidades sobre projetos de terceiros, as formas de pagamento, a participação no acompanhamento de obras, e mais uma dezena de detalhes e atribuições que deverão estar textualmente muito bem esclarecidos. Isso é de **extrema importância**.

Um exemplo é a importância de destacar, em contrato, a necessidade de aprovações parciais de um projeto. Normalmente divididos em layout, estudos preliminares, ante-projeto, projeto básico, projeto executivo, detalhamentos técnicos e entrega final. O objetivo destas aprovações intermediárias é evitar o que chamamos de **refazimento de projetos**. Ou seja, após estarmos em etapas avançadas de estudos preliminares, voltar atrás para rediscutir layout pode gerar um impacto muito grande de revisões de projetos técnicos. Não somente nos projetos de arquitetura, mas também de uma série de projetos complementares que normalmente correm em paralelo. Poderá gerar um custo extra muito grande de trabalho para os escritórios. Nestes casos, é apresentado ao cliente um valor extra para realizar estas revisões, o que sempre gera desconforto entre as partes. Por isso a importância das aprovações intermediárias antes de avançarmos para etapas seguintes.

Neste capítulo, vou tentar apresentar, de forma bem objetiva, as bases de um contrato que poderá ajudá-lo com segurança em início de carreira. Na link da bio no Instagram, @pa11.arq, apresentamos um modelo de contrato para prestação dos serviços de arquitetura.

1. DAS PARTES ENVOLVIDAS

Um **contrato** começa com um descritivo dos dados da **contratante** e da **contratada**. Se for um contrato entre empresas, indicamos o nome completo da empresa, CNPJ, endereço, o nome completo do responsável pela assinatura do contrato, sua função na empresa e os seus dados pessoais. Em seguida fazemos o mesmo indicando a nossa empresa e os respectivos dados de quem assina.

2. DO OBJETO - DIMENSIONAMENTO

É fundamental definir uma previsão de **metragem quadrada** a ser **projetada**.

Um projeto de arquitetura exige o conhecimento da legislação local, a realização de um levantamento técnico do espaço existente, a definição de conceitos, o estudo de concepção original de projeto, o desenvolvimento de layouts, a formatação de estudos preliminares, projetos executivos, detalhamentos técnicos, compatibilizações (instalações hidráulicas, elétricas, especiais, refrigeração mecânica, acústica, iluminação, paisagismo, cálculos estruturais, entre outros) e mais uma dezena de comprometimentos. É um trabalho que exige uma boa equipe de profissionais, uma excessiva produção de desenhos técnicos, acompanhamento de obras e, normalmente, por períodos longos.

Sendo mais claro, o cliente pode encomendar o projeto de uma casa que não terá mais de 150m². Aí ele se empolga e o projeto chega a 250m². Para cada metro quadrado extra que você estimou em contrato deverá ser produzido todo o pacote de serviços e projetos acima descrito.

Por isso, a **metragem quadrada** a ser projetada deverá ser numericamente quantificada no **OBJETO** do contrato e acompanhada ainda da informação sobre a natureza do serviço (projeto original ou reforma), da característica do espaço (residência, escritório, restaurante etc.) e do endereço (rua, município, estado e país).

3. DO ESCOPO DOS SERVIÇOS - PROGRAMA

Tão ou mais importante que uma fachada espetacular, um projeto precisa atender suas funções com máxima eficiência. Para isso, precisamos definir os ambientes e os espaços técnicos que deverão ser projetados.

Esse detalhe é importante pois, quando estivermos em etapas avançadas de projeto, o acréscimo ou reposicionamento de um, dois ou três ambientes poderá impactar em uma considerável revisão de projetos já definidos e provavelmente em fases avançadas de detalhamento. Isso pode obrigá-lo a reestudar e redesenhar um bom volume de material, o que é recorrente na nossa atividade.

Uma pousada em Búzios é um bom exemplo da importância de garantir a aprovação das etapas de projeto:

Após a aprovação dos conceitos, do layout e de já estarmos em fase avançada dos estudos preliminares (cortes, vistas e fachadas) o cliente pediu para acrescentar uma cozinha americana em cada uma das 20 suítes. As suítes tinham uma concepção com detalhes angulares e estavam interligadas de forma irregular umas com as outras. Expliquei que, para inserir a cozinha nas suítes, seria necessário ampliar a área de cada uma delas, o que impactaria na revisão da totalidade do material já produzido. Nesse caso, apresentamos os custos complementares de revisão de projetos. O cliente aprovou a proposta complementar e seguimos com o trabalho de revisão.

4. DAS ETAPAS DO PROJETO

Após a definição do **programa**, faremos um descritivo detalhado das atividades a serem realizadas em cada etapa. É certamente a parte mais extensa do contrato e onde devemos descrever, por etapa (levantamento técnico, concepção original, layout, estudos preliminares, ante-projeto,...), todas as nossas atribuições técnicas e operacionais. Precisamos destacar a totalidade dos serviços a serem prestados, as responsabilidades operacionais, os documentos técnicos a serem produzidos e os formatos de apresentação. Neste item de contrato, é muito importante garantir, de forma clara e objetiva, todo o conjunto de atribuições a serem realizadas em cada etapa. Depois de escrito e assinado, não terá volta.

5. DOS PRAZOS

Neste item, é preciso apenas listar as etapas de projeto e atribuir, a cada uma, o prazo previsto para desenvolvimento e entrega dos trabalhos.

6. DAS ATRIBUIÇÕES DA CONTRATADA - ENTREGA

Você precisa definir as suas atribuições e seus comprometimentos de entrega. Muita atenção, pois o que escrever neste item será determinante na produção de material técnico futuro. Procure definir textualmente suas obrigações e, em alguns casos, estabelecer um quantitativo que funcione como um balizador de serviço de entrega. Isso inclui a definição dos desenhos técnicos, do atendimento e do acompanhamento de produção dos projetos complementares.

6.1 SERVIÇOS

Das dezenas de serviços envolvidos na produção de um projeto, é preciso definir quais as suas atribuições. Você precisa deixar claro se os projetos de interiores, iluminação e paisagismo farão parte do seu escopo de serviços. Ou se você responderá apenas pelo projeto de arquitetura da edificação. Cada serviço é uma especialização e vai exigir um conjunto completo das atividades de concepção, produção de desenhos técnicos e atendimento.

6.2 DOCUMENTOS TÉCNICOS

No trato com empresas prestadoras de serviços de arquitetura e engenharia, definimos **plantas de arquitetura** como **documentos técnicos**. Em um contrato é indicado descrever, o mais detalhado possível, o conjunto de plantas de arquitetura (Documentos Técnicos) a serem produzidos. Quanto mais detalhado for esse descritivo, ambas as partes terão consciência do direcionamento da produção e do volume de trabalho a ser realizado. Importante descrever também em quais formatos (softwares) o material será produzido e entregue.

6.3 COMPROMETIMENTOS OPERACIONAIS

É importante definir não apenas as responsabilidades técnicas de produção de projetos, mas também os comprometimentos operacionais até a entrega final dos trabalhos. Por exemplo, definir a responsabilidade sobre o levantamento de licenças da obra é uma atribuição que pode, ou não, ser realizada pelo escritório. Normalmente, em nossos contratos, destacamos que a contratação de um despachante é de responsabilidade do cliente. O mesmo com a quitação dos custos de viagens em caso de obras realizadas fora do estado. Definir a periodicidade mensal de visitas as obras também é um exemplo de atividade operacional a ser indicada em nosso contrato de serviços.

7. DAS ATRIBUIÇÕES DA CONTRATATANTE – COMPROMISSOS DO CLIENTE

Precisamos destacar também, mesmo que com alguma redundância, quais as responsabilidades de fornecimento de material, de informações ou de contratação de serviços complementares a serem realizados diretamente pelo cliente (**contratante**).

Os serviços de sondagem, topografia, terraplanagem, cálculos estruturais, exaustão mecânica, refrigeração, incêndio, TI, instalações hidro-sanitárias, projetos de instalações elétricas ou paisagismo são alguns exemplos de projetos que poderão ser contratados diretamente pelo nosso cliente. Podemos indicar empresas ou profissionais de confiança para cotação de serviços, ou mesmo colocá-los previamente em nosso escopo de serviços. É uma questão a ser definida junta ao cliente. Normalmente optamos por indicar um ou mais escritórios para cotação de serviços e o cliente realiza a contratação com a empresa ou profissional que achar mais conveniente.

8. DA EXCLUSÃO

Mesmo tendo definidas as atribuições da CONTRATADA e da CONTRATANTE, vale um destaque para itens que não tenham sido mencionados anteriormente ou mesmo que mereçam um posicionamento mais objetivo e detalhado. É o caso de deixar claro que não é de sua responsabilidade a realização de serviços de execução de obras civis, a contratação de técnicos complementares, a contratação de despachante, o pagamento de taxas de licenciamento ou mesmo a compra de materiais, mobiliários ou equipamentos.

Neste item é possível definir inclusive a responsabilidade pela impressão de plantas que não sejam de projeto de arquitetura. Quando entram os projetistas complementares ou se inicia uma obra, o volume de revisões é sempre previsível e, nesse caso, deixe claro que será de responsabilidade da CONTRATANTE a impressão deste material complementar. Principalmente em obras de grande porte.

9. DO ORÇAMENTO

Um formato que utilizamos para apresentar os custos de projeto é a criação de uma tabela onde segmentamos nossos serviços por etapas distintas. O objetivo é apresentar um valor fechado para cada uma destas etapas de atendimento e de produção de material técnico. É um formato no qual o cliente vai poder visualizar e entender, de forma resumida, o escopo dos serviços associado a um comprometimento segmentado de entrega. É uma forma também do cliente entender a distribuição dos valores sem sofrer com o impacto de um valor final muitas vezes elevado. A segmentação em etapas nos ajuda ainda a calcular a demanda de equipe necessária para a realização da etapa de trabalho.

É ainda uma forma de oferecer ao cliente a possibilidade de quitação dos serviços por etapas. Caso ele queira aguardar a aprovação do projeto legal para iniciar a produção dos detalhamentos executivos, bastará quitar a etapa concluída e recomeçar somente após a aprovação das licenças.

10. DA FORMA DE PAGAMENTO – EM ETAPAS

A forma de pagamento vai detalhar com maior clareza as etapas, as datas e os valores a serem quitados em cada momento das entregas. A forma de pagamento pode ser por medição de serviços concluídos ou mesmo em formato de quitação em parcelas mensais.

Aconselho a fazer uma previsão de pagamentos sempre levando em conta o acerto de um valor de sinal imediato, seguido de um parcelamento mensal e com data definida para as quitações. Na definição do parcelamento mensal você deverá levar em conta o prazo estipulado para as entregas previstas de projetos. Se houver atrasos de sua parte, a última parcela pode ficar retida até a conclusão dos serviços.

Outro detalhe importante é definir o valor de acompanhamento mensal de obras separadamente do contrato de quitação de projetos. Obras podem atrasar seu início ou mesmo o prazo previsto de execução.

Dessa forma estabeleça um valor mensal que leve em conta o acompanhamento de obras, o atendimento aos diversos engenheiros e projetistas envolvidos, a realização de revisão de projetos e a periodicidade semanal ou mensal de visitas ao canteiro de obras.

11. DAS DISPOSIÇÕES GERAIS – FECHAMENTO

Para fechar a proposta, seguirão algumas disposições gerais de caráter complementar como deslocamento, confiabilidade, validade, comprometimento e foro. Estes itens poderão ser ampliados e melhor detalhados desde que o contrato exija a definição de comprometimentos específicos que justifiquem sua alocação.

Como falei inicialmente, este é um contrato básico para seu início de carreira. Já assinei propostas de trabalho e de prestação de serviços com construtoras para produzir projetos de condomínio ou de resort nas quais o contrato tinha cerca de 40 a 50 páginas. É um processo mais na frente e até lá você terá condições de pesquisar e levantar as necessidades complementares para atender um contrato de maior porte.

ATENÇÃO!!!

Definir prazos para entrega de projetos é outra atividade que precisa ser bem calculada. Durante o desenvolvimento dos projetos de arquitetura, as equipes de projetos complementares vão entrar no processo e o trabalho vai aumentar consideravelmente. Em seguida, vamos soltar a produção dos projetos executivos, dos detalhamentos especiais e da especificação de materiais. É um sistema de produção de conteúdo e de material técnico extremamente trabalhoso e complexo. É quase impossível evitar pequenos ajustes ou erros de desenho técnico. Consequentemente, teremos revisões permanentes de projetos. Projetos estão sempre sendo ajustados.

Para conseguir cumprir com os prazos de entrega, todas as etapas de trabalho vão depender da equipe, do foco e de muita dedicação. Um depende do outro. E, no meio de todo esse movimento, tem o **contratante**, que vai estar louco pra abrir o novo barraco e cair dentro. Vivemos certa pressão no que se refere a prazo, produção, qualidade e entrega. Mas é assim que funciona!

Em grandes obras será preparado um **megacronograma** de trabalho para acompanhar o dia a dia da produção. Logo no início dos trabalhos, vai entrar ainda o personagem do gerenciador de projetos e de obras. Esse vai ficar te cercando pra garantir o cumprimento das nossas obrigações e dos prazos de entrega. É ele quem autoriza, ou não, as **medições**. Ou seja, é ele que vai dizer se você está andando como deve, ou se você está atrasado. Se ele apontar que estamos atrasados, não **medimos** (termo técnico utilizado para definir o cumprimento de etapas de trabalho) e não recebemos nosso pagamento.

No segmento corporativo, o funcionamento do **negócio** da **contratante** está diretamente atrelado à abertura do espaço físico. Isso inclui a mobilização e contratação de equipes de trabalho e a consequente produção de resultados. Ou seja, abrir para o cliente significa **faturamento**. Atrasos podem significar perdas operacionais, e de recursos, muito elevados.

SUNSET - Ensaio geral de abertura - 2019 (Foto Simone Kontraluz)

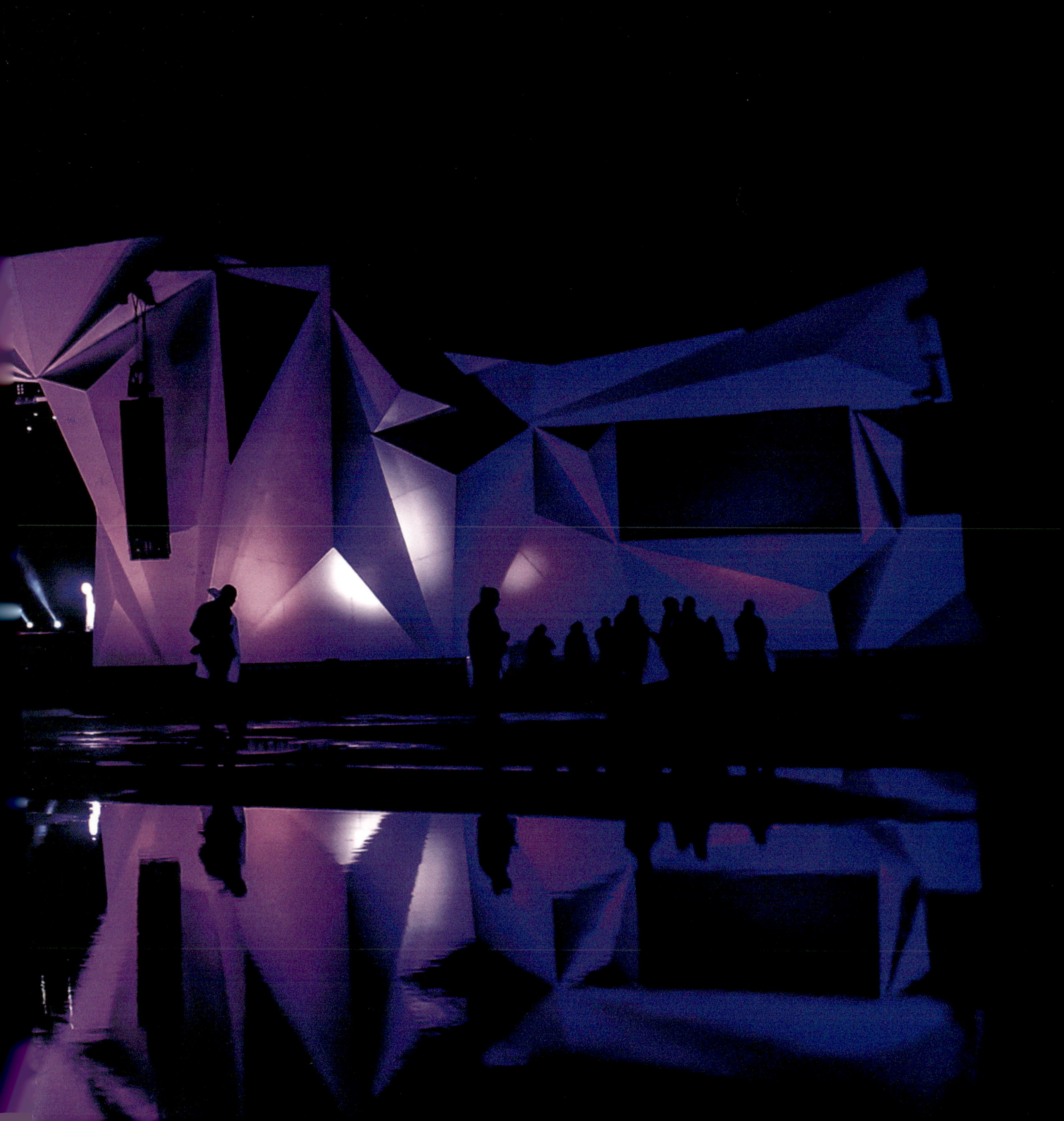

2020 (Foto Simone Kontraluz)

CICLO
ARQUITETURA